MANUEL

DES

CONSEILS DE GUERRE SPÉCIAUX,

OU

RECUEIL DES LOIS, ARRÊTÉS ET AVIS DU CONSEIL D'ÉTAT RELATIFS A LA DÉSERTION,

PRÉCÉDÉ

De l'Analyse de la législation sur ce délit, de la Nomenclature de diverses peines dont il est puni, et de la Citation de l'article de la loi qui prononce ces peines;

PAR M. J. B. PERRIER,

AUTEUR DU GUIDE DES JUGES MILITAIRES.

DEUXIEME ÉDITION

REVUE ET AUGMENTÉE.

Prix 1 fr. et 1 fr. 25 cent.

A PARIS,

Chez MAGIMEL, Libraire pour l'Art militaire,
rue de Thionville, n° 9.

1811.

MANUEL

DES

CONSEILS DE GUERRE SPÉCIAUX.

Analyse de la Législation sur la désertion.

CHAPITRE PREMIER.

Des Conseils de guerre spéciaux.

Par arrêté des 19 vendémiaire et 1er frimaire an 12, la connoissance du crime de désertion est attribuée particulièrement à des conseils de guerre spéciaux.

Durée de leurs fonctions.

Ces conseils n'ont d'existence que pendant le temps qu'ils sont assemblés pour juger l'accusé ou les accusés de désertion traduits devant eux, et ils sont dissous aussitôt qu'ils ont prononcé sur le délit pour lequel ils ont été convoqués.

Renouvellement des membres.

Aucun des membres du conseil de guerre spécial ne peut plus être appelé de nouveau à un conseil de guerre spécial, qu'à son tour de rôle.

Renouvellement du rapporteur.

Le même officier ne peut remplir les fonctions de rapporteur dans deux affaires consécutives.

CHAPITRE II.

Composition des Conseils de guerre spéciaux (1)

Le conseil de guerre spécial est composé de sept membres, savoir :
Un officier supérieur ;
Quatre capitaines ;
Deux lieutenans.

Rapporteur et greffier.

Un officier d'état-major, ou de gendarmerie, ou de la garnison, ayant au moins le grade de lieutenant, fait les fonctions de rapporteur et de commissaire impérial ; et un sous-officier à son choix, celles de greffier.

Nomination des membres (2).

Les membres du conseil de guerre spécial et le rapporteur sont nommés par le commandant d'armes ou du lieu ; et à l'armée, par le général de brigade sous les ordres duquel est le corps de l'accusé.

---

(1) Arrêté du 19 vendémiaire an 12, art. 17.
(2) *Idem*, art. 18 et 19.

Ils sont pris dans les différens corps de la garnison, et à l'armée, dans les différens corps sous les ordres du même général de brigade.

Ils sont commandés à tour de rôle, et à l'ordre, par ledit commandant d'armes ou général de brigade, la veille du jour où le conseil doit se réunir.

S'il ne se trouve pour faire cette nomination que le corps de l'accusé, tous les membres sont pris dans ce corps, et s'ils ne suffisaient pas, il en serait appelé de la garnison la plus voisine. Cependant pour éviter des déplacemens nuisibles au bien du service, il arrive quelquefois que, par ordre supérieur, on envoie l'accusé dans la place la plus voisine, où il existe un assez grand nombre d'officiers pour composer le conseil de guerre spécial sans déplacer ; mais alors, en cas de condamnation, le condamné est ramené à sa compagnie pour commencer à y subir sa peine.

Dispense de siéger (1).

A moins de maladie bien constatée, ou autre empêchement légitime, nul officier ne peut refuser les fonctions de membre du conseil de guerre spécial, sous peine de destitution.

---

(1) Arrêté du 19 vendémiaire an 12, art. 20.

Il est évident, d'après cet article, que pour constater l'empêchement, l'officier doit joindre à son excuse un certificat authentique, et que si c'est pour maladie, le certificat doit être signé de gens de l'art.

CHAPITRE III.

Compétence du Conseil de guerre spécial (1).

Le conseil de guerre spécial connaît du crime de désertion contre les sous-officiers et soldats, conscrits réfractaires, sortis des dépôts, et autres qualifiés déserteurs par les lois, arrêtés ou décrets.

Existence de la désertion.

Il y a désertion :

1.º Quand le soldat ou sous-officier a abandonné son corps sans permission (2);

2.º Quand il n'a pas rejoint à l'expiration de son congé (3);

3.º Quand le réfractaire a abandonné le dépôt ou son détachement depuis vingt-quatre heures (4);

4.º Quand le suppléant d'un conscrit n'a pas rejoint (5);

____

(1) Arrêté du 19 vendémiaire an 12, art. 16 et 21.
(2) *Idem*, art. 73 et 74.
(3) *Idem.*
(4) *Idem.*
(5) Décret du 8 fructidor an 13.

5.º Quand un enrôlé volontaire ne s'est pas rendu à sa destination (1);

6.º Quand un canonnier sédentaire a changé de domicile sans autorisation (2);

7.º Quand un condamné contradictoirement, après avoir obtenu sa grace ou fini la peine des travaux publics, ne rejoint pas(3).

De l'abandon du corps.

Pendant la guerre (4).

1.º Est réputé avoir abandonné son corps, pendant la guerre, celui qui, à l'armée ou dans une place de guerre, est absent sans autorisation depuis vingt-quatre heures, et en tout autre lieu depuis quarante-huit heures.

2.º Est réputé n'avoir pas rejoint à l'expiration de son congé, celui qui, en temps de guerre, a dépassé de huit jours ledit congé.

Pendant la paix (5).

1.º Pendant la paix, sera réputé déserteur celui qui, ayant plus de six mois de service, aura abandonné son corps, depuis trois fois vingt-quatre heures, dans un camp ou dans une place de guerre, et depuis huit jours dans tout autre lieu, ou qui

---

(1) Loi du 19 fructidor an 6, art. 11, n° 60. Décret du 16 février 1807.
(2) Décret du 11 janvier 1808.
(3) Décret du 7 mars 1808.
(4) Arrêté du 19 vendémiaire an 12, art. 73.
(5) *Idem*, art. 74.

viij

aura dépassé de quinze jours la durée de
son congé;

2.º Celui qui, ayant moins de six mois
de service, sera absent d'un camp ou d'une
place de guerre depuis quinze jours, et de
tout autre lieu depuis un mois;

3.º Celui qui, ayant moins de six mois
de service, aura dépassé son congé d'un
mois (1).

Exception à cette faveur (2).

Sont privés de réclamer ce délai de faveur ceux qui désertent non individuellement, ou étant de service, ou emportant
leur habit.

Des circonstances aggravantes.

Les circonstances aggravantes de la désertion, détaillées dans les lois y relatives et
relatées dans cet ouvrage, doivent toutes
être déduites de la désertion même; car, si
elles étaient un délit étranger à la désertion,
quoiqu'elles eussent été commises avec ce
délit, elles ne pourraient être jugées qu'à
un autre tribunal, selon leur nature même.

Je vais présenter quelques observations
sur deux circonstances aggravantes de la
désertion, comme méritant de fixer plus
particulièrement l'attention.

---

(1) Quand on est en guerre, en quelque lieu qu'elle
existe, cet article n'est pas applicable, même dans l'intérieur.

(2) Arrêté du 19 vendémiaire an 12, art. 74.

Du complot.

Il y a complot toutes les fois que plusieurs prévenus se sont concertés, et ont combiné leurs moyens pour déserter.

Le complot peut exister sans que la désertion soit consommée; mais, comme le crime ne doit pas se présumer, pour établir la plainte en complicité, il faut qu'il y ait des indices, des déclarations ou des écrits qui la dénotent.

Du chef de complot (1).

Est réputé chef de complot celui qui excite ses camarades à passer à l'ennemi, aux rebelles ou à l'étranger, ou qui les excite à déserter à l'intérieur.

Quand le chef de complot est inconnu, est réputé chef le plus élevé en grade; à grade égal, le plus ancien en grade; à égalité de grade et d'ancienneté de grade, le plus âgé. Le chef de complot est toujours puni de mort, lors même que la désertion n'a pas été effectuée.

Enlévement d'armes (2).

Le paragraphe 4 de l'art. 67, tit. 9 de l'arrêté du 19 vendémiaire an 12, porte: Tout déserteur qui aura emporté ses armes, ou celles de ses camarades, sera puni de mort.

---

(1) Avis du conseil d'état, du 23 ventose an 13. Autre avis du 8 vendémiaire an 14.

(2) Avis du conseil d'état, du 22 ventose an 12.

Le conseil d'état, dans un avis approuvé par Sa Majesté, expliquant ce qu'on doit entendre par *ses armes*, a décidé qu'il n'y avait lieu à la peine de mort qu'autant que le déserteur aurait emporté une arme ou des armes à feu, ou l'arme blanche de son camarade.

L'enlèvement de la baïonnette, ou de toute autre arme blanche, est considéré comme circonstance aggravante donnant lieu à un accroissement de la peine du boulet ou des travaux publics, encourue par la désertion.

CHAPITRE III.

Procédure devant le conseil de guerre spécial.

Plainte (1).

Tout chef de corps ou de détachement auquel appartient un prévenu de désertion, est tenu de porter plainte contre lui dans les vingt-quatre heures, sous peine de quinze jours d'arrêts forcés.

Cette plainte est portée, dans l'intérieur, au commandant d'armes ou du lieu ; et, à l'armée, au général de brigade sous les ordres duquel est le corps.

Elle est inscrite, dans les vingt-quatre heures, sur les registres du conseil d'admi-

______

(1) Arrêté du 19 vendémiaire an 12, titre II, art. 23.

nistration : le chef y fait annexer le récépissé qu'il en a tiré.

Autorisation d'informer (1).

Si le commandant d'armes ou supérieur
permet l'information, il met au bas de la
plainte : *Soit informé ainsi qu'il est requis.*

(2) Dans le cas contraire il met : *Il n'y a
pas lieu à informer*, et fait connaître, dans les
vingt-quatre heures, les motifs du refus à S.
Ex. le ministre d'état directeur général des
revues et de la conscription militaire, chargé
maintenant de la poursuite des déserteurs.

S. Exc. prononce sans délai sur ce refus.

Si le commandant supérieur autorise
l'information, il nomme le rapporteur au
bas de la plainte.

Information (3).

Le rapporteur s'occupe d'instruire l'affaire, entend les témoins, interroge le prévenu ou les prévenus, et constate les preuves
du délit.

Observation (4).

On peut procéder à l'information, au
seul vu des pièces, quand il s'agit des enrôlés volontaires, des suppléans et des déser-

---

(1) Arrêté du 19 vendém. an 12, tit. II, art. 25.
(2) Décret du 8 juillet 1806.
(3) Arrêté du 19 vendém. an 12, tit. II, art. 26.
(4) Décrets du 16 février 1807, et du 7 mars 1808.

xij

teurs condamnés qui, après avoir obtenu
grace, ou subi leur peine, ne rejoignent pas
comme ils le devraient ; alors, si l'on peut
se procurer des témoins sans trop de difficultés, on en entend ; mais, dans le cas contraire on peut s'en passer, deux décrets ayant
autorisé la procédure au vu des pièces.

Continuation de l'information (1).

Les témoins font leur déclaration, la signent s'ils savent signer. Ces déclarations
sont toutes portées sur un seul cahier : les
preuves du délit, s'il en existe, sont présentées à l'accusé.

Réunion du conseil (2).

L'information terminée, le conseil est
assemblé. S'il ne trouve pas l'instruction
complète, il ordonne un plus amplement
informé. Si l'accusé de désertion est prévenu d'un autre délit plus grave, le conseil de guerre le renvoie au tribunal compétent. Si le délit, autre que la désertion,
est moindre, le conseil de guerre spécial
prononce d'abord sur la désertion.

Excepté lorsqu'il y a lieu à un plus amplement informé, le conseil de guerre, une fois
assemblé, ne peut plus désemparer sans
juger.

---

(1) Arrêté du 19 vendém. an 12, tit. II, art. 4.
(2) *Idem*, art. 34.

Opérations du conseil assemblé (1).

Le conseil de guerre spécial entend la lecture de la procédure, fait introduire l'accusé, entend les témoins s'il y a lieu, les conclusions du rapporteur, et l'accusé.

Question de culpabilité (2).

Le président, au nom et de l'avis du conseil, pose les questions de culpabilité qui résultent de la plainte.

Délibération (3).

Le président, après que l'accusé a été reconduit à sa prison, fait sortir les spectateurs, ou se retire avec les autres juges dans une pièce voisine où ils délibèrent à huis clos, en présence seulement du rapporteur.

Chacun émet son opinion par écrit, et la signe ; le président les recueille, en commençant par le grade inférieur, et émet son opinion le dernier.

Le jugement est rendu à la majorité des voix.

Prononcé du jugement (4).

Si l'accusé est acquitté, il est renvoyé à son corps pour y prendre son service.

---

(1) Arrêté du 19 vendém. an 12, tit. III, art 35.
(2) *Idem*, art. 39 et 40.
(3) *Idem*.
(4) *Idem*.

S'il est déclaré coupable, il est condamné à la peine portée par le Code de la désertion et les lois y relatives , et toujours à quinze cents francs d'amende.

Le jugement doit rappeler les nom, prénoms, lieu de naissance, domicile, âge, grade, signalement, noms de père et de mère, indication du numéro du contrôle et de l'inscription du condamné ou de l'acquitté; et s'il est contradictoire , rappeler le jugement par contumace et la date de la désertion.

Défense de changer les peines (1).

Il est expressément défendu aux membres du conseil de guerre spécial, sous peine de forfaiture, de commuer ni de diminuer les peines prononcées contre les déserteurs.

Force des jugemens (2).

Ils ne sont sujets ni à appel, ni à cassation, ni à révision ; ils s'exécutent à la diligence du rapporteur, excepté en ce qui concerne l'amende, qui s'exécute à la diligence de la direction générale des revues et de la conscription militaire (3).

---

(1) Arrêté du 19 vendém. an 12, tit. III, art. 41.
(2) *Idem*, art. 42.
(3) Décret du 8 juillet 1806.

Lieu de réunion du conseil (1).

Dans l'intérieur, il se réunit chez le commandant d'armes ou à la mairie, aux frais de l'un ou de l'autre; à l'armée, sous une tente.

Contumax.

Quand un accusé est contumax, on suit la même marche que pour les accusés présens, excepté ce qui suppose la présence de l'accusé : les formules sont les mêmes, à cette exception près.

Si le contumax se représente, ou est arrêté, le jugement et la procédure sont détruits. On procède à un nouveau jugement.

____

(1) Arrêté du 19 vendémiaire an 12, tit. III, art. 43.

NOMENCLATURE

Désertion à l'intérieur, *travaux publics 3 ans, et* 1500 *fr. d'amende* (19 vendémiaire an 12, art. 36 et 72).

Désertion avec récidive, *boulet* 10 *ans* (19 vendémiaire an 12, art. 69).

Désertion de l'armée ou d'une place de première ligne, *travaux publics 5 ans* (19 vendémiaire an 12, art. 69).

Désertion d'un suppléant, *boulet 5 ans* (8 fructidor an 13, art. 58).

Désertion de service ou pardessus le rempart, *travaux publics 5 ans* (19 vendémiaire an 12, art. 32).

Désertion avec effets de l'état ou du corps, *travaux publics 5 ans* (19 vendémiaire an 12, art. 72).

Désertion avec effets de ses camarades, *boulet* 10 *ans* (19 vendémiaire an 12, art. 69).

Désertion à l'intérieur non individuelle, *travaux publics 5 ans* (19 vendémiaire an 12, art. 72).

Désertion à l'ennemi, *mort* (19 vendém. an 12, art. 67).

Désertion à l'étranger, *boulet* 10 *ans* (19 vendém. an 12, art. 69).

Désertion à l'étranger avec récidive ou de service, *mort* (19 vendémiaire an 12, art. 67).

Désertion après amnistie, *boulet* 10 *ans* (20 juin 1807, art. 9).

Désertion après grace, *boulet* 10 *ans* (7 mars 1808, art. 1 et 2).

Désertion avec armes à feu ou armes blanches de son camarade, *mort* (22 ventose an 12, art. 1).

Désertion des travaux publics, *boulet* 10 *ans* (19 vendém. an 12, art. 69).

Désertion du chef de complot, *mort* (19 vendémiaire an 12, art. 67).

Désertion en faction, *mort* (19 vendém. an 12, art. 67).

Désertion de toute espèce, *outre la peine,* amende de 1500 *fr.* (19 vendémiaire an 12, art. 56).

FIN DE LA NOMENCLATURE.

LOIS, DÉCRETS,

ARRÊTÉS ET AVIS DU CONSEIL D'ÉTAT

CONCERNANT LES CONSEILS DE GUERRE SPÉCIAUX.

ARRÊTÉ *concernant les dépôts de conscrits déclarés réfractaires, la composition et la compétence des conseils de guerre spéciaux, la procédure devant ces conseils, et les peines contre la désertion.*

DU 19 VENDÉMIAIRE AN 12.

Le gouvernement de la république, sur le rapport du ministre de la guerre ; le conseil d'état entendu,

Arrête :

TITRE PREMIÈR.

Des dépôts de conscrits qui, n'ayant pas rejoint leurs corps, auront été déclarés conscrits ré-- fractaires en exécution de la loi du 6 floréal an 11.

Art. 1er. En exécution de l'article 10 de la loi du 6 floréal an 11, il sera établi onze dépôts militaires pour les conscrits qui, en vertu de ladite loi, auront été condamnés comme réfractaires.

2. Ces dépôts seront établis dans les places ci-après désignées ;

La citadelle de Lille, pour les conscrits de la 1.re, de la 16.e et de la 24.e division ;

La citadelle de Givet, Charlemont, pour les 2.e et 25.e divisions ;

La place de Luxembourg, pour la 3.e et la 4.e ;

La citadelle de Strasbourg, pour la 5.e et la 26.e ;

La citadelle de Besançon, pour les 6.e, 18.e et 19.e ;

La place de Briançon, pour les 7.e, 8.e, 9.e et 23.e;

La citadelle de Perpignan, pour la 10.e;

La citadelle de Baïonne, pour les 11.e et 20.e;

La place de Saint-Martin-de-Ré, pour les 12.e, 13.e, 21.e et 22.e;

Le château de Caen, pour les 14.e et 15.e,

La citadelle d'Alexandrie, pour la 27e. (1).

3. Les conscrits qui seront conduits dans lesdites places, seront divisés en compagnies, composées de cent soixante hommes, officiers et sergens non compris.

Chacune de ces compagnies sera commandée par les officiers et sous-officiers ci-après désignés; savoir :

    1 Capitaine,

    1 Lieutenant,

    2 Sous-lieutenans,

    1 Sergent-major,

    1 Fourrier,

    8 Sergens.

Ces officiers et sous-officiers seront fournis, pour chaque compagnie, par un des corps d'infanterie stationnés dans l'une des divisions formant l'arrondissement du dépôt, au choix du général commandant la division où le dépôt sera établi.

Ces officiers et sous-officiers jouiront d'un supplément de traitement égal au tiers de leur solde.

4. Les conscrits de chaque compagnie seront divisés en seize escouades : à la tête de chacune d'elles sera placé un caporal pris dans son sein, au choix du commandant de la place, sur la présentation de trois sujets, faite par le commandant de la compagnie.

5. Ces conscrits recevront le pain comme les autres troupes ; ils recevront la même solde, sauf les deniers de poche, qui seront mis en masse, et tenus à la disposition du général commandant la division, pour être employés comme il sera dit ci-après.

---

(1) Ces dépôts ont été changés par les décrets des 8 juin et 28 octobre 1808.

6. Ils seront logés dans une caserne particulière, et n'auront que des demi-fournitures.

7. Ils seront constamment consignés dans leurs casernes, n'en sortiront qu'en troupe pour les corvées, les exercices et les travaux : lorsqu'ils auront obtenu la permission de sortir individuellement, ils seront toujours accompagnés par un sous-officier.

8. La garnison fournira toutes les gardes, les plantons, rondes et patrouilles nécessaires pour la police et la sûreté du dépôt : il sera fourni, de plus, par les dépôts de gendarmerie des départemens formant chaque arrondissement, le nombre de brigades nécessaire pour prévenir l'évasion des conscrits réfractaires.

9. Les dépôts de conscrits ne se trouveront jamais aux exercices et manœuvres de la garnison, ne feront point le service avec elle.

10. Leurs vêtemens auront la forme et les couleurs affectées à l'infanterie, mais sans paremens, collet ni revers distinctifs.

Leur unique coiffure sera un bonnet de police : leurs cheveux seront constamment tenus extrêmement courts. Ils auront des fusils sans baïonnette.

11. Les conscrits seront, pour les fautes légères, condamnés, par leurs officiers et sergens, aux mêmes punitions de discipline que le reste des troupes; mais la durée en sera toujours augmentée.

Pour les fautes graves, ils seront déférés à un conseil composé du commandant de la place, du capitaine et du lieutenant de la compagnie. Ce conseil prononcera les punitions qu'il jugera les plus propres à réprimer les coupables, le tout d'après l'instruction qui sera rédigée par le ministre de la guerre.

Pour les délits, ils seront déférés aux conseils de guerre institués par la loi du 13 brumaire an 5; et pour la désertion, ils seront traduits à un conseil de guerre spécial, formé dans la place du dépôt, et organisé ainsi qu'il sera dit ci-après.

12. Il ne sera formé une seconde compagnie dans chaque dépôt, que du moment où la première sera complétée.

Lorsqu'il y aura deux compagnies formées, le commandement du dépôt appartiendra au capitaine de la première compagnie formée.

13. Le général commandant la division aura la faculté de faire relever, aussi souvent qu'il le jugera convenable, tout ou partie des officiers et sous-officiers attachés au dépôt. Ils seront relevés de droit, lorsque le corps dont ils feront partie sortira des divisions formant l'arrondissement du dépôt.

14. Les conscrits seront occupés chaque jour, ou à leur instruction militaire, ou à des corvées dans les arsenaux, ou à la réparation des fortifications de la place, ou à d'autres travaux qui seront ouverts à cet effet. Ils ne recevront pour ces travaux ni solde ni traitement, mais on tiendra note de ceux qui montreront le plus de zèle pour s'instruire, et d'activité dans les travaux. Ces notes seront, lors de la revue, remises à l'inspecteur du dépôt.

15. Chaque dépôt sera inspecté, une fois chaque trimestre, par un officier supérieur ou général délégué à cet effet par le général commandant la division.

Cet officier prendra des notes sur l'instruction, la tenue et la conduite de chaque conscrit, et les adressera au général divisionnaire.

Le général commandant la division inspectera lui-même, deux fois par an, chaque compagnie; et, d'après les comptes qu'il recevra des capitaines, et les renseignemens qui lui auront été transmis par les inspecteurs qu'il aura nommés, il désignera ceux d'entre les conscrits réfractaires qui lui paraîtront dignes d'être incorporés dans l'armée. Ceux que, d'après son rapport, le ministre de la guerre aura jugés tels, seront conduits par des officiers et sous-officiers de la compagnie du dépôt, au corps de troupes à pied ou à cheval que le général divisionnaire déterminera, d'après les instructions du ministre de la guerre.

Le général divisionnaire pourra accorder des gratifications à ceux des conscrits réfractaires qui auront rempli, avec le plus d'intelligence et de fermeté, les fonctions de caporal, ou qui se seront fait distinguer par leur instruction et leur activité dans les travaux. Ces gratifications seront prises sur la masse des deniers de poche.

TITRE II.

Composition et compétence des conseils de guerre spéciaux.

16. Tout sous-officier et soldat accusé de désertion, et tout conscrit condamné comme réfractaire, qui, après avoir été traduit au dépôt, sera accusé de désertion, sera jugé par un conseil de guerre spécial.

17. Le conseil de guerre spécial sera composé de sept membres, savoir :

Un officier supérieur,

Quatre capitaines,

Deux lieutenans.

Un officier d'état-major, ou de gendarmerie, ou de la garnison, ayant au moins le grade de lieutenant, fera les fonctions de rapporteur et de commissaire du gouvernement, et un sous-officier à son choix, celles de greffier.

18. Les membres du conseil de guerre et le rapporteur seront nommés par le commandant d'armes ou du lieu ; et à l'armée, par le général de brigade sous les ordres duquel sera le corps de l'accusé.

19. Les membres du conseil de guerre seront pris dans les différens corps de la garnison ; et à l'armée, dans les différens corps sous les ordres d'un même général de brigade. Ils seront commandés à

tour de rôle, et à l'ordre, par ledit commandant
d'armes ou général de brigade, la veille du jour où
le conseil devra se réunir.

S'il n'y avoit dans la place, ou sous les ordres du
général de brigade que le corps de l'accusé, les
membres du conseil de guerre spécial seroient tous
pris dans ce corps ; et s'il n'y en avoit pas assez
pour former ledit conseil, il en seroit appelé un
nombre suffisant de la garnison ou de la troupe la
plus voisine.

20. A moins de maladie bien constatée, ou autre
empêchement légitime, nul officier ne pourra ré-
fuser de remplir les fonctions auxquelles il aura été
appelé près le conseil de guerre spécial, sous peine
de destitution.

21. Le conseil de guerre spécial ne connoîtra que
du crime de désertion, et des circonstances aggravantes ci-après exprimées.

22. Tout conseil de guerre spécial sera dissous
dès qu'il aura prononcé sur le délit pour le jugement
duquel il aura été convoqué.

Aucun des membres qui l'auront composé ne
pourra être appelé de nouveau à un conseil de guerre
spécial qu'à son tour de rôle.

Le même officier ne pourra remplir les fonctions
de rapporteur dans deux affaires consécutives.

TITRE III.

Procédure devant le conseil de guerre spécial.

23. Tout chef de corps ou de détachement militaire, dont un sous-officier ou soldat aura abandonné ou n'aura pas rejoint ses drapeaux, devra,
sous peine de quinze jours d'arrêts forcés, et de
plus forte peine s'il y a lieu, porter plainte contre
ledit sous-officier ou soldat, dans les vingt-quatre
heures qui suivront l'époque où, en exécution du

titre IX du présent arrêté, il devra être réputé déserteur.

Cette plainte sera portée, dans l'intérieur de la
république, au commandant d'armes ou du lieu; et
à l'armée, au général de brigade sous les ordres duquel sera le corps ou le détachement.

Copie de ladite plainte sera inscrite sur les registres des délibérations du conseil d'administration,
dans les vingt-quatre heures où elle aura été portée:
le chef du corps sera tenu d'annexer au registre le
récépissé de la plainte, qui lui sera donné par le
commandant d'armes ou général de brigade.

24. Les nom, prénoms, lieu de naissance, domicile au moment, où il est entré au service, âge,
grade, signalement de l'accusé, le corps dont il fait
partie, et le jour de sa désertion, seront expressément mentionnés dans la plainte. Les témoins y seront également désignés.

25. Le commandant d'armes ou du lieu, ou le
général de brigade, suivant les cas ci-dessus expri-
més, mettra au bas de la plainte: *Soit informé ainsi
qu'il est requis.*

S'il croit devoir se refuser à donner cette autorisation, il mettra au bas de la plainte: *Il n'y a
point lieu à informer;* il signera sa décision, et dans
les vingt-quatre heures il en fera connoître les motifs au ministre, qui prononcera sans délai.

26. S'il autorise l'information, le rapporteur qu'il
aura nommé au bas de la plainte s'occupera de
suite à instruire le procès, de manière qu'en trois
jours l'affaire soit jugée contradictoirement ou par
contumace.

27. Le rapporteur entendra de suite les témoins,
interrogera le prévenu (s'il est arrêté); et s'il y a
des preuves matérielles du délit, il les constatera.

28. Le témoin sera cité par une cédule, signée
du rapporteur; elle lui sera remise par une ordonnance.

29. Les déclarations des témoins seront reçues à la suite les unes des autres, sur un seul cahier.

3o. Chaque déclaration sera signée du témoin, du rapporteur et du greffier. Si le témoin ne sait ou ne veut signer il en sera fait mention.

31. Le rapporteur interrogera le prévenu sur ses nom, prénoms, âge, lieu de naissance, domicile au moment de son entrée au service, sur le délit et sur ses circonstances.

32. Il lui représentera, s'il y en a, les preuves matérielles du délit, pour qu'il déclare s'il les reconnoît.

33. S'il y a plusieurs prévenus dans une même affaire, le rapporteur les interrogera séparément. Chaque interrogatoire, rédigé sur un cahier séparé, sera clos par la signature de l'accusé, du rapporteur et du greffier. Si l'accusé ne sait ou ne veut signer, il en sera fait mention.

34. L'information étant terminée, le conseil de guerre sera assemblé.

Si le conseil ne trouve pas que l'instruction soit complète, il ordonnera un plus amplement informé, qui ne pourra être prolongé au-delà de deux fois vingt-quatre heures.

Si, outre le crime de désertion, le conseil trouve que l'accusé en a commis un plus sévèrement puni par les lois, il renverra l'accusé, la procédure et les pièces du procès, pardevant le tribunal compétent, et il en rendra compte au ministre.

Si, au contraire, le conseil trouve que l'accusé n'a pas commis le crime de désertion, mais un délit moins grave, après l'avoir acquitté du crime de désertion, il le renverra, pour être puni, au tribunal ou chef militaire compétent.

Tout tribunal auquel un conseil de guerre spécial aura renvoyé un accusé de désertion comme en même temps accusé d'un crime plus sévèrement puni par les lois, renverra l'accusé après son jugement, s'il n'est pas condamné à une peine plus grave que celles portées contre la désertion, au conseil de guerre spécial, pour prononcer sur le crime de désertion, dont la connoissance lui est expressément et privativement attribuée.

Il en sera usé de même par tout tribunal qui devra prononcer sur un individu accusé de désertion.

35. Hormis dans le cas prévu dans le paragraphe 2 de l'article 34, le conseil de guerre, une fois assemblé, ne pourra désemparer avant d'avoir jugé le procès pour lequel il aura été convoqué. Il entendra la lecture de l'information, celle des pièces du procès, s'il y en a, l'interrogatoire de l'accusé; fera ensuite introduire dans la salle de la séance l'accusé, entendra les témoins, les conclusions du rapporteur, et enfin l'accusé.

36. Le président, au nom et de l'avis du conseil de guerre spécial, posera toutes les questions qui résultent de la plainte. Elles seront posées de la manière suivante :

« N.... est-il convaincu de s'être rendu coupable de crime de désertion ? »

« N.... est-il déserté à l'intérieur ? »

« N.... etc. »

Les questions relatives aux circonstances de la désertion seront présentées chacune séparément, sans qu'il soit nécessaire de commencer par les plus aggravantes.

37. Les questions étant définitivement posées en public, et en présence de l'accusé, celui-ci sera reconduit en prison. Le président se retirera ensuite avec les autres membres du conseil de guerre spécial, dans la salle voisine, ou bien il fera sortir les spectateurs; et les membres du conseil de guerre délibéreront à huis clos, en présence seulement du rapporteur.

38. Le président recueillera les voix en commençant par le grade inférieur, et par le moins ancien dans chaque grade : il émettra son opinion le

dernier. Chacun des juges émettra son opinion par écrit, et la signera.

39. Si l'accusé est acquitté, il sera renvoyé à son corps pour y reprendre son service.

S'il est déclaré déserteur, le conseil le condamnera aux peines portées contre les coupables de ce crime.

40. Le jugement sera rendu à la majorité absolue des voix, et inscrit sur un registre à ce destiné et appartenant au corps du prévenu. L'information et les autres pièces du procès seront transcrites sur le même registre, et y seront annexées. L'énoncé du jugement rappellera les noms, prénoms, lieu de naissance, domicile, âge, grade et signalement de l'accusé.

41. Il est expressément défendu au conseil de guerre spécial, sous peine de forfaiture, de commuer ni de diminuer les peines ci-après portées contre les déserteurs.

42. Les jugemens des conseils de guerre spéciaux ne seront sujets ni à appel, ni à cassation, ni à révision : ils seront exécutés à la diligence du rapporteur, et, en ce qui concerne l'amende, à celle de l'administration des domaines et de l'enregistrement, ainsi qu'il sera dit ci-après.

43. Les conseils de guerre spéciaux tiendront leurs séances chez le commandant d'armes de la place, qui sera tenu de chauffer et éclairer le lieu de la séance, sans qu'il puisse pour cela réclamer aucune somme ni dédommagement.

Dans les lieux où il n'y aura pas de commandant d'armes en titre, la séance se tiendra à l'hôtel de la mairie, et aux frais de la commune;

A l'armée, sous une tente qui sera dressée à cet effet.

TITRE IV.

Des peines contre la désertion.

44. Les peines de la désertion seront, suivant les circonstances du délit,

1°. La mort ;
2°. Le boulet ;
3°. Les travaux publics ;
4°. L'amende dans tous les cas.

TITRE V.

De la peine de mort.

45. Les déserteurs condamnés à la mort, continueront à être passés par les armes.

L'amende à laquelle ils seront condamnés, sera recouvrée ainsi qu'il sera dit titre VIII.

TITRE VI.

De la peine du boulet.

46. Les condamnés à la peine du boulet seront employés, dans les grandes places de guerre, à des travaux spéciaux.

Ils traîneront un boulet de huit, attaché à une chaîne de fer de deux mètres et demi de longueur.

Ils travailleront huit heures par jour, depuis le premier brumaire jusqu'au premier germinal, et dix heures pendant le reste de l'année. Leurs ateliers seront toujours isolés de tous autres ateliers.

Ils porteront un vêtement particulier, dont la forme et les couleurs différeront absolument de la forme et des couleurs affectées à l'armée : ils n'auront que des sabots pour chaussure.

Ils ne pourront ni couper ni raser leur barbe :

2*

leurs cheveux et leurs moustaches seront rasés tous les huit jours.

Hors le temps des travaux, ils seront détenus et enchaînés dans des prisons particulières destinées à cet effet.

47. Le ministre de la guerre déterminera le nombre de places dans lesquelles il y aura des condamnés au boulet ; celui des condamnés au boulet qui seront dans chaque place ; les travaux auxquels ils seront employés ; l'étoffe, la forme et la couleur de leurs vêtemens, leur régime, police et discipline en santé et en maladie, dans leurs prisons et pendant leurs travaux : il déterminera enfin le nombre, l'espèce et la solde de leurs surveillans, et la manière de prévenir leur évasion.

Il sera successivement désigné au moins dix places de guerre dans lesquelles des condamnés au boulet seront détenus.

48. Les journées des condamnés au boulet leur seront payées moitié moins que celles des journaliers ordinaires du pays.

Un tiers des sommes que chaque condamné au boulet aura gagnées, lui sera remis pour être employé à améliorer sa nourriture ; un tiers lui sera remis au moment où il sera mis en liberté ; le dernier tiers restera à la disposition du ministre de la guerre, pour subvenir à une partie des dépenses des condamnés au boulet.

49. Il sera passé chaque année une revue des condamnés au boulet par un inspecteur délégué à cet effet par le ministre de la guerre. Cet inspecteur, après avoir recueilli tous les renseignemens relatifs à la subordination, à la conduite et à l'activité dans les travaux de chacun des condamnés au boulet, désignera, dans son rapport au ministre de la guerre, ceux qui lui paroîtront avoir des titres à l'indulgence du gouvernement. Le ministre fera son rapport au premier consul, qui prononcera.

50. Il est expressément défendu à qui que ce

soit de procurer aux condamnés au boulet d'autres vêtemens que ceux qui leur sont assignés, de leur en laisser porter d'autres, de leur couper ou faciliter les moyens de couper leur barbe, d'exciter ou favoriser leur évasion de toute autre manière.

Sera réputé fauteur de désertion, et, comme tel, puni par voie de police correctionnelle, des peines portées par la loi du 24 brumaire an 6, tout individu convaincu de leur avoir procuré ou laissé porter d'autres vêtemens que ceux qui leur seront assignés; de leur avoir fourni ou facilité les moyens de couper ou raser leur barbe, ou d'avoir de toute autre manière excité ou favorisé leur évasion.

Tout individu qui aura arrêté un condamné au boulet qui s'évadera, recevra une gratification de cent francs.

La peine de tout condamné au boulet qui révélera un complot d'évasion formé par un ou plusieurs desdits condamnés, sera commuée en celle des travaux publics.

Tout condamné au boulet qui s'évadera, sera condamné par la commission qui sera désignée ci-après, soit à une détention double de celle qu'il devoit subir, soit à traîner deux boulets pendant tout le temps de sa détention.

51. Les peines de discipline et de police seront prononcées, contre les condamnés au boulet, par le commandant de la place, d'après une instruction dressée à cet effet par le ministre de la guerre.

Pour les délits graves qu'ils pourront commettre, ils seront déférés à une commission militaire composée du commandant de la place et de quatre officiers supérieurs les plus anciens du grade le plus élevé dans la garnison. Le commandant de la gendarmerie, dans ladite place, fera, près de cette commission, les fonctions de rapporteur. Cette commission les condamnera, suivant la nature et la gravité du délit, soit à la mort, soit à une plus longue détention, soit au double boulet pendant un temps déterminé. Le jugement de la commission ne pourra être exécuté qu'avec l'approbation du général commandant la division.

Toutes les fois qu'un condamné au boulet aura été condamné par la commission ci-dessus, soit au double boulet, soit à une plus longue détention, il lui sera fait, par son jugement, défense, sous peine de deux ans de fer, de fixer sa résidence, lorsqu'il aura été mis en liberté, à moins de vingt lieues de la ville où siége le gouvernement. Cette peine lui sera infligée par le conseil de guerre devant lequel il sera traduit.

TITRE VII.

De la peine des travaux publics.

52. Les déserteurs condamnés aux travaux publics seront employés, soit à des travaux militaires, soit à des travaux civils.

Ils ne porteront ni chaînes ni fers que lorsqu'ils y auront été momentanément condamnés par mesure de police ou discipline.

Ils travailleront le même nombre d'heures que les ouvriers du pays.

Leurs vêtemens pourront conserver quelque chose des formes militaires, mais différeront des couleurs affectées à l'armée et de celles qui le seront aux condamnés au boulet : ils porteront des souliers.

Ils ne pourront ni couper ni raser leur barbe; ils conserveront leurs moustaches; leurs cheveux seront rasés tous les huit jours.

Ils seront ou logés dans les casernes particulières, qui n'auront aucune communication avec celles de la garnison, ou bien campés ou baraqués proche de leurs travaux.

Dans leurs casernes, ils auront des demi-fournitures ; dans leurs tentes ou baraques , les effets ordinaires de campement.

Ils recevront le pain militaire, et une ration de riz ou légumes secs.

53. Chaque atelier sera composé de soixante-douze hommes , et sera divisé en six sections.

Il y aura pour chaque atelier une garde de police et de sûreté , composée de sous-officiers et gendarmes pris dans les dépôts de ce corps.

La force en sera réglée par le ministre de la guerre.

Ces sous-officiers et gendarmes recevront une augmentation de traitement d'un quart en sus.

Chaque section sera commandée par un chef de section pris parmi les condamnés.

Le chef de section aura un traitement particulier de dix centimes par jour.

Il ne sera formé un second atelier que lorsque le premier sera complet. Lorsqu'il y aura plusieurs ateliers formés , on n'en formera de nouveaux qu'après avoir complété les premiers.

Le ministre de la guerre et le ministre de l'intérieur se concerteront à l'effet de procurer sans cesse du travail aux ateliers : mais on ne mettra jamais plus de quatre ateliers les uns à portée des autres.

Le ministre de la guerre déterminera la forme et la couleur des vêtemens des condamnés aux travaux, leur régime , police et discipline , tant en santé qu'en maladie , dans leurs camps ou casernes, et pendant leurs travaux , et donnera tous les ordres nécessaires pour prévenir leur évasion.

Les journées des déserteurs condamnés aux travaux seront payées un quart moins que celles des journaliers ordinaires du pays.

Le prix de ces travaux sera réparti ainsi qu'il est dit art. 48.

Il sera passé, tous les six mois, une revue de chaque atelier par un inspecteur délégué à cet effet par le ministre de la guerre. Cet inspecteur désignera, dans son rapport au ministre, ceux des condamnés qui lui paroîtront dignes par leur conduite, leur subordination, leur activité aux travaux, d'obtenir leur grace. Le ministre fera son rapport au premier consul, qui prononcera.

54. Les paragraphes 1 et 2 de l'art. 50, relatifs aux fauteurs de désertion des condamnés au boulet, sont déclarés communs aux fauteurs de désertion des condamnés aux travaux publics.

Tout individu qui arrêtera un condamné aux travaux qui s'évadera, recevra une gratification de cent francs.

Tout condamné aux travaux qui révélera un complot d'évasion formé par un ou plusieurs condamnés aux travaux, recevra sa grace.

55. Les peines de discipline et police seront prononcées contre les condamnés aux travaux, par le maréchal-des-logis de gendarmerie chargé de la surveillance de l'atelier; et ce, d'après une instruction rédigée à cet effet par le ministre de la guerre.

Pour les délits graves, ils seront traduits devant une commission militaire composée ainsi qu'il est dit article 51. Cette commission les condamnera, suivant la nature et la gravité du délit, soit à mort, soit à la peine du boulet, pendant un temps qui ne pourra excéder dix ans, soit à une prolongation à la peine des travaux publics. Le jugement de la commission ne pourra être exécuté qu'avec l'approbation du général commandant la division.

TITRE VIII.

De la peine de l'amende.

56. Conformément à la loi du 17 ventose an 8, tout déserteur sera condamné à une amende de quinze cents francs.

57. Dans la huitaine qui suivra la condamnation d'un déserteur, le commandant du corps enverra au

ministre deux copies du jugement. Ces copies seront certifiées conformes à l'original par le commandant d'armes ou du lieu, ou par le général de brigade qui aura assemblé le conseil de guerre.

58. Le ministre de la guerre légalisera l'une de ces copies, et l'enverra au directeur général de l'administration de l'enregistrement et des domaines, pour faire poursuivre le paiement de l'amende par les voies prescrites par la loi du 17 ventose an 8.

Le ministre de la guerre adressera, chaque mois, au ministre du trésor public, un état nominatif de tous les déserteurs condamnés à l'amende pendant le mois précédent. Cet état fera connoître le département dans lequel se feront les poursuites, et le corps auquel l'amende devra être payée.

59. Il est alloué à l'administration de l'enregistrement, pour remises et frais, cinq centimes sur la recette desdites amendes. Ces amendes seront versées directement par les préposés de la régie aux receveurs d'arrondissement, qui s'en chargeront en recette. Ils en délivreront récépissé particulier par duplicata. Le duplicata de ce récépissé sera adressé par la régie au conseil d'administration du régiment ou du corps auquel le condamné appartenoit.

Le produit desdites amendes sera délivré aux conseils d'administration par le trésor public, sur la demande qu'ils en feront au ministre de ce département, appuyée du duplicata du récépissé dont l'envoi leur aura été fait.

Ce paiement sera ordonnancé en conformité de l'arrêté du 26 floréal an 11.

60. Il sera accordé au greffier du conseil de guerre spécial, dix francs pour la totalité des actes qu'il rédigera dans une même affaire jugée contradictoirement, soit auprès du rapporteur, soit auprès du conseil de guerre, y compris la transcription de la minute de la procédure et des autres pièces du procès, sur le registre à ce destiné, les copies du jugement pour le ministre de la guerre, celle qui

doit être déposée au lieu où sera détenu le condamné, et celle pour le général de la division.

Lorsque l'affaire aura été jugée par contumace, le
greffier n'aura que six francs.

61. Les membres du conseil de guerre spécial et
le rapporteur n'auront droit, en raison de leurs
fonctions respectives, à aucune indemnité, ni gratification, ni traitement; ils les exerceront gratui-
tement.

62. Les militaires, les inspecteurs aux revues,
les commissaires des guerres, les employés à l'armée ou à sa suite, qui reçoivent directement de la
république un traitement d'activité, appelés en témoignage, ne pourront prétendre, à raison de leur
déplacement, soit pendant le voyage, soit pendant
le séjour, qu'à l'indemnité de route fixée à leur grade
respectif.

63. Les citoyens non militaires et les employés
à l'armée ou attachés à sa suite, auxquels la république ne paie directement aucun traitement d'activité, recevront, lorsqu'ils seront appelés en témoignage, une indemnité de deux francs cinquante
centimes par jour de voyage ou de séjour.

64. Il sera également accordé une indemnité aux
interprètes, laquelle ne pourra excéder six francs
par séance entière de jour, et neuf francs de nuit,
non compris la traduction des pièces de conviction,
dont le prix sera évalué séparément, et suivant la
nature du travail, par le conseil de guerre spécial.

65. Les indemnités prescrites par les articles pré-
cédens, ainsi que les gratifications accordées par les
arrêtés du gouvernement aux gendarmes et préposés
aux douanes qui auront arrêté un déserteur, seront
payées par le corps du condamné, savoir, au témoin,
sur la représentation de la citation, au bas de laquelle le rapporteur aura fixé le montant de la taxe;
à l'interprète, sur la représentation de la citation
en vertu de laquelle il aura été appelé pour remplir
les fonctions d'interprète, et au bas de laquelle le

conseil de guerre aura fixé le montant de ce qui lui
est dû; au gendarme ou préposé aux douanes,
sur la représentation du procès-verbal d'arrestation;
et au greffier, lors de la remise des pièces. Les
sommes ci-dessus seront prélevées sur le produit
des amendes que les déserteurs condamnés doivent
payer.

66. Il sera tenu, dans chaque corps, un état du
produit desdites amendes, et des dépenses qui auront eu lieu en exécution de l'article précédent.
L'excédant desdites dépenses sera, conformément
à l'art. 12 de la loi du 17 ventose an 8, uniquement
destiné, par les corps, à remplacer par enrôlemens
volontaires les déserteurs condamnés.

TITRE IX.

Application des peines contre la désertion.

67. Sera puni de mort,

1°. Le déserteur à l'ennemi ;

2°. Tout chef de complot de désertion ;

3°. Tout déserteur étant en faction ;

4°. Tout déserteur qui aura emporté ses armes ou
celles de ses camarades. (1) ;

5.° Tout déserteur à l'étranger, qui y aura pris du
service, ou qui y sera passé une seconde fois ;

6.° Tout condamné au boulet ou aux travaux, qui
se sera rendu coupable de révolte ou soulèvement
contre ses surveillans, ses chefs ou la garde ; qui
aura commis un crime puni, par le code pénal ou
par le code militaire, de la mort ou des fers.

68. Seront réputés déserteurs à l'ennemi, ceux
qui ont été qualifiés comme tels par la loi du 21 brumaire an 5.

---

(1) *Voir* Avis du Conseil d'Etat, du 22 ventose an 12.

Seront réputés chefs de complot, ceux qui ont été qualifiés comme tels par la loi précitée (1).

69. Seront punis de la peine du boulet,

1.º Le déserteur à l'étranger ;

2.º Le déserteur à l'intérieur qui aura emporté des vêtemens ou des effets appartenant à ses camarades ;

3.º Le déserteur à l'intérieur qui, à l'avenir, aura déserté plus d'une fois ;

4.º Le déserteur des travaux publics.

70. La durée de la peine du boulet sera toujours de dix ans , et sera augmentée de deux ans pour chacune des circonstances ci-après ; savoir :

1.º Si la desertion n'a pas été individuelle ;

2.º Si le coupable étoit d'un service quelconque, ou s'il a escaladé les remparts ;

3.º S'il est déserté de l'armée , ou d'une place de première ligne.

71. Sera réputé déserteur à l'étranger , tout sous-officier ou soldat qui , sans ordre ou permission par écrit de son supérieur , aura franchi les limites fixées par le commandant de la troupe dont il fait partie , et qui sera arrêté dans les deux lieues de l'extrême frontière, allant vers cette frontière , lorsque sa famille n'aura pas son domicile dans ledit espace de deux lieues et du côté où il se dirigeoit.

72. La désertion à l'intérieur sera punie de la peine des travaux publics.

La durée de la peine des travaux publics sera toujours de trois ans ; mais elle sera augmentée de deux ans pour chacune des circonstances suivantes:

1.º Si la désertion n'a pas été individuelle ;

2.º Si le coupable étoit d'un service quelconque, ou s'il a escaladé les remparts ;

---

(1) *Voir* les décrets des 23 ventose an 13 et 8 vendémiaire an 14.

3.º S'il est déserté de l'armée ou d'une place de première ligne ;

4.º S'il a emporté des effets fournis par l'état ou par le corps.

73. Pendant la guerre , sera réputé déserteur , tout sous-officier ou soldat qui aura abandonné son corps sans permission , ou qui ayant obtenu un congé n'aura pas rejoint après l'expiration dudit congé.

Sera réputé avoir abandonné son corps celui qui à l'armée ou dans une place de guerre, en sera absent depuis vingt-quatre heures , et en tout autre lieu depuis quarante-huit heures.

Sera réputé n'avoir pas rejoint après l'expiration de son congé , celui qui aura dépassé de huit jours la durée dudit congé.

74. Pendant la paix , sera réputé déserteur, tout sous-officier ou soldat qui, ayant plus de six mois de service , aura abandonné son corps depuis trois fois vingt-quatre heures dans un camp ou une place de guerre, et depuis huit jours dans tout autre lieu, ou qui aura dépassé de quinze jours la durée de son congé.

Celui qui ayant moins de six mois de service abandonnera son corps dans un camp ou une place de guerre, ne sera déclaré déserteur qu'après quinze jours d'absence, et qu'après un mois dans tout autre lieu.

Celui qui aura moins de six mois de service, et qui aura obtenu un congé , ne sera déclaré déserteur qu'après un mois du jour de l'expiration de son congé.

Ne pourront prétendre à jouir des jours de repentir accordés par le présent article aux individus qui auront moins de six mois de service , ceux dont la désertion n'aura pas été individuelle, ceux qui auront déserté étant de service , et ceux qui auront emporté leur habit. Ils seront dénoncés comme dé-

serteur après le temps fixé pour ceux qui ont plus
de six mois de service.

75. Sera déclaré déserteur et puni comme tel,
tout conscrit qui, condamné comme réfractaire, et
comme tel conduit à l'un des dépôts formés en exécution du présent arrêté, s'en sera absenté depuis
vingt-quatre heures, ou aura abandonné depuis le
même temps le détachement dont il faisoit partie.

TITRE X.

De l'exécution des jugemens.

76. Tout déserteur condamné à la mort sera exécuté ainsi qu'il a été prescrit par les lois antérieures.

77. Tout déserteur condamné au boulet sera conduit à la parade le lendemain du jour où il aura
été jugé.

Il y paroîtra traînant le boulet, et revêtu de l'habillement des condamnés au boulet.

Il entendra la lecture de sa sentence à genoux et
les yeux bandés. Il parcourra, toujours les yeux
bandés, le front entier des gardes et de son corps,
qui sera en bataille.

Le corps dont il faisoit partie défilera ensuite
devant lui à la tête des gardes du jour : sa compagnie marchera la première.

78. Le déserteur condamné aux travaux publics
arrivera à la parade revêtu de l'habillement prescrit
aux condamnés aux travaux publics. Il entendra sa
sentence debout, n'aura point les yeux bandés ; il
ne parcourra ni le front de la parade, ni celui de
son corps ; les gardes et son corps défileront devant lui.

79. Les déserteurs condamnés partiront dans les
vingt-quatre heures, sous l'escorte de la gendarmerie, ils seront conduits directement au lieu où ils
doivent subir leur peine.

80. Les gendarmes chargés de conduire les condamnés dans les places ou autres lieux où ils devront être mis aux travaux publics ou au boulet, seront porteurs, sous peine d'un mois de prison, d'une copie en forme du jugement de chaque condamné.

Cette copie sera enregistrée par le commissaire des guerres, et, à son défaut, par le maire du lieu, sur un registre établi à cet effet, et y demeurera annexé. Le commandant d'armes ou du lieu signera cet enregistrement.

TITRE XI.

De la cessation de la peine.

81. Il sera délivré une cartouche rouge à tout condamné au boulet qui sera mis en liberté, après avoir subi le nombre d'années de détention auquel il aura été condamné : cette cartouche portera qu'il est libéré de la peine du boulet. La cartouche de celui qui ne devra point fixer sa résidence à moins de vingt lieues de l'endroit où siégera le gouvernement, en fera mention.

Sa cartouche lui sera délivrée par le surveillant des condamnés, visée par le commandant d'armes et par le commissaire des guerres, approuvée par le général commandant la division.

Il sera fait mention de la délivrance de la cartouche dans le registre, à la marge de l'enregistrement du jugement.

82. Tout condamné au boulet, dont la peine aura été commuée en celle de travaux publics, ne recevra point de cartouche : copie des lettres de commutation de peine qui lui auront été accordées, sera inscrite à la marge de l'enregistrement de son jugement de condamnation. Il sera conduit par la gendarmerie à l'atelier des travaux publics désignés par le ministre de la guerre.

83. Tout condamné aux travaux publics qui aura subi sa peine ou obtenu sa grace, sera mis en liberté : il recevra une cartouche sur papier blanc, portant qu'il a expié sa peine, et qu'il est, à compter de ce jour, à la disposition du Gouvernement pendant huit ans.

Il sera de suite placé dans le corps de troupes qui sera indiqué par le ministre de la guerre. Il y sera inscrit au moment de son arrivée, comme un recrue ordinaire, et traité de même. Il ne sera fait sur les contrôles du corps aucune mention de la peine qu'il aura subie.

Sa cartouche lui sera délivrée par le maréchal-des-logis de la gendarmerie, visée par le commandant d'armes et par le commissaire des guerres, approuvée par le général commandant la division. Il sera fait mention de la délivrance de la cartouche à la marge de l'enregistrement du jugement.

TITRE XII.

Dispositions générales.

84. Lecture du présent arrêté sera faite, le premier dimanche de chaque mois, à tous les corps de l'armée françoise.

85. Pareille lecture sera faite, aux mêmes époques, aux condamnés aux travaux publics et aux condamnés au boulet.

86. Toutes dispositions contraires au présent arrêté sont abrogées.

87. Les ministres sont, chacun en ce qui le concerne, chargés de l'exécution du présent arrêté, qui sera inséré au bulletin des lois.

FORMULES ET INSTRUCTIONS *rédigées par le Ministre de la guerre, pour l'exécution de l'arrêté du 19 vendémiaire an 12, portant création des conseils de guerre spéciaux.*

PREMIÈRE FORMULE.

Plainte (1).

Au citoyen   commandant d'armes de la place d   '   division militaire de l'intérieur (2).

Le citoyen   colonel (3) du
(*mettre le numéro du régiment*), régiment de
(*designer l'arme*), a l'honneur de vous représenter que   (*mettre les nom et prénoms du déserteur*), né à   département d
âgé de   (*mettre ici son grade et son signalement, et désigner le corps dont il fait*

---

(1) L'article 23, titre III de l'arrêté du gouvernement, du 19 vendémiaire an 12, est conçu ainsi qu'il suit:

« Tout chef de corps ou de détachement militaire, dont un
» sous-officier ou soldat aura abandonné ou n'aura pas rejoint
» ses drapeaux, devra, sous peine de quinze jours d'arrêts for
» cés, et de plus forte peine, s'il y a lieu, porter plainte, contre
» ledit officier ou soldat, dans les vingt-quatre heures qui sui
» vront l'époque où, en exécution du titre IX du présent ar
» rêté, il devra être réputé déserteur».

(2) A l'armée, cette plainte doit toujours être adressée au général de brigade, sous les ordres duquel se trouve le corps ou le détachement dont fait partie l'accusé.

Dans les divisions militaires de l'intérieur, elle doit être adressée au commandant d'armes de la place dans laquelle se trouve le corps ou détachement dont fait partie l'accusé, et, à défaut de commandant d'armes, au commandant du lieu.

(3) Si celui qui porte plainte n'est pas colonel, il fera mention du corps ou du détachement militaire dont il est chef.

partie), a abandonné ses drapeaux (1) le
du mois de   an   (2), et n'a plus reparu au corps depuis cette époque (*si la désertion
de l'accusé est accompagnée de circonstances
aggravantes, il faut les énoncer ici ; il faut en
outre indiquer les témoins* (3)*, et si l'accusé a été
arrêté, indiquer la prison dans laquelle il est
détenu*).

Pourquoi il vous demande qu'il en soit informé,
afin que ledit   (*mettre ici le nom du déserteur*), soit ensuite jugé, conformément à l'arrêté du gouvernement du 19 vendémiaire an 12.

Il vous demande en outre de lui donner un récépissé de la présente plainte, afin de l'annexer, ainsi
qu'il est prescrit par l'article 23, titre III de l'arrêté précité, au registre des délibérations du conseil d'administration, sur lequel registre copie de
ladite plainte sera inscrite sous vingt-quatre heures.

Fait à   le   du mois de
an   de la république françoise.

(*Place de la signature de celui qui porte
la plainte*.

---

(1) Si l'accusé est déserteur pour avoir dépassé son congé, et
n'avoir pas rejoint dans le délai de faveur accordé par l'arrêté
précité, au lieu des mots, *a abandonné ses drapeaux le
du mois de   an   et n'a plus reparu
au corps depuis cette époque*, il faut mettre : *Ayant obtenu un
congé limité pour en jouir, à dater du   du mois
de   an   jusqu'au   du mois de
suivant, en a dépassé la durée, et n'a pas rejoint dans le
délai de faveur accordé par le titre IX de l'arrêté du 19 vendémiaire an 12*.

(2) Indiquer l'heure de la disparition.

(3) En général, les témoins doivent être des sous-officiers et
des soldats de la compagnie de l'accusé; ou si l'accusé a déserté
étant de garde, des sous-officiers et des soldats de cette même
garde.

DEUXIÈME FORMULE.

Réponse portant autorisation d'informer (1).

Soit informé ainsi qu'il est requis : en conséquence et en vertu de l'article 26 , titre III de l'arrêté du Gouvernement du 19 vendémiaire an 12 , nommons pour rapporteur (2) le citoyen   *(mettre son nom et son grade, et désigner le corps auquel il appartient)*, et lui ordonnons de s'occuper de suite de l'instruction du procès, et de nous rendre compte de ses diligences, afin que nous convoquions le conseil de guerre spécial , et que l'affaire soit jugée sous trois jours, à dater de la présente (3)

Fait à   le   du mois de   an de la république françoise.

(Place de la signature de celui à qui la plainte aura été adressée).

---

(1) Cette réponse doit être mise au bas de la plainte.

(2) Ce rapporteur doit avoir au moins le grade de lieutenant, et être officier d'état-major, ou de gendarmerie, ou de la garnison.

Le même officier ne pourra remplir les fonctions de rapporteur dans deux affaires consécutives. (Art. 17 et 23 du titre II de l'arrêté du 19 vendémiaire an 12).

(3) Si le prévenu n'est pas en état d'arrestation, le commandant d'armes ou du lieu, ou le général de brigade, qui aura répondu cette plainte, mettra le lendemain à l'ordre, qu'un tel   est prévenu de désertion, que son procès va lui être fait dans les trois jours, et qu'en conséquence il est ordonné à tout militaire de l'arrêter et conduire dans la prison militaire.

Copie de cet ordre du jour sera jointe au procès.

TROISIÈME FORMULE.

Réponse pour refuser la permission d'informer (1).

Il n'y a point lieu à informer.

Fait à   le   du mois de   an
de la république françoise.

*Place de la signature de celui à qui la
plainte aura été adressée).*

QUATRIÈME FORMULE.

Cédule pour appeler un témoin (2).

Nous   (*mettre ici le nom et le grade du
rapporteur, et désigner le corps auquel il appartient*, rapporteur nommé par   (*mettre
ici le nom et le grade de celui qui l'a nommé).*
Mandons au citoyen   (3) *mettre ici le
nom et le grade de l'ordonnance, et désigner le
corps auquel elle appartient),* de citer le citoyen
(*mettre ici le nom et le grade du témoin, et désigner le corps auquel il appartient ; mais si le témoin n'est pas militaire, mettre son nom, son état
ou profession et son domicile ,* à comparoître à
          heure du   (*dire si c'est du
matin ou du soir),* le   du mois de
pardevant nous à   (*désigner le lieu qui doit*

______

(1) « Cette réponse sera mise au bas de la plainte ; et dans
» les vingt-quatre heures après, le général de brigade, le
» commandant d'armes ou du lieu, qui l'aura donnée, en fera
» connoître les motifs au Ministre de la guerre. (Art. 25,
» titre III de l'arrêté du 19 vendémiaire an 12) ».

(2) Les interprètes seront cités de la même manière que les
témoins.

(3) Le témoin sera cité par une cédule signée du rapporteur.
Elle lui sera remise *par une ordonnance.* (Art. 28, titre III de
l'arrêté du 19 vendémiaire an 12).

être celui où le conseil de guerre spécial tiendra sa séance), pour faire sa déclaration sur les faits et circonstances mentionnés dans la plainte portée contre   (mettre ici les nom, prénoms et grade de l'accusé, et désigner le corps auquel il appartient).

Ladite ordonnance chargée de notifier la présente citation, préviendra le témoin de s'y conformer, à peine d'y être contraint par les voies de droit, et lui en remettra copie (1).

Donné à   le   du mois de
an   de la république françoise une et indivisible.

(Place de la signature du rapporteur.

Si l'ordonnance sait écrire, elle mettra au bas de la cédule ci-dessus :

Cejourd'hui   du mois de   an   (2), j'ai remis au citoyen   (mettre le nom du témoin), parlant à sa personne (3) ; copie de la cédule ci-dessus, et lui ai recommandé de s'y conformer, à peine d'y être contraint, dont acte ; et j'ai signé.

Si l'ordonnance ne sait pas écrire, elle fera un rapport verbal au rapporteur, qui en dressera acte au bas de la cédule.

------

(1) Le rapporteur remettra l'original et la copie de chaque cédule à l'ordonnance.

(2) Indiquer l'heure.

(3) Si l'ordonnance n'a pas trouvé le témoin, copie de la cédule sera laissée à la porte de son logement, en présence de deux voisins.

CINQUIÈME FORMULE.

Taxe du témoin et de l'interprète (1).

Le quartier-maître du   *désigner ici le corps du déserteur)* paiera , sur la représentation de la présente , la somme de   (2) , à *(mettre ici le nom du témoin ou de l'interprète)* , lequel a requis taxe pour indemnité , à raison de   (3) par jour de voyage et de séjour , étant parti de   pour se rendre à   lieu de la séance du conseil de guerre spécial , en vertu de la citation ci-dessus.

Fait à   le   du mois de   an de la république françoise.

Place de la signature du rapporteur.

Nota. Le témoin et l'interprète mettront leur acquit au bas de la taxe ; et si le témoin ne sait signer , le rapporteur en fera mention.

---

(1) Cette taxe sera faite au bas de la citation , par le rapporteur , s'il s'agit d'un témoin ; et par le conseil de guerre spécial , s'il s'agit d'un interprète.

(2) Cette somme sera payée par le corps auquel l'accusé appartient , et sera prélevée sur le produit des amendes ; mais si le corps n'a pas de fonds provenant de ces amendes , il en fera provisoirement l'avance.

(3) Le titre VIII de l'arrêté du 19 vendémiaire an 12 , fait connoître les témoins à qui il est dû une indemnité , et la somme à leur allouer par journée de voyage et de séjour.

La journée de voyage est de 2 myriamètres 2 kilomètres et 222 mètres (5 lieues).

Quant aux interprètes , on peut leur allouer jusqu'à 6 francs par séance entière de jour , et 9 francs de nuit , non compris la traduction des pièces de conviction , dont le prix sera évalué séparément et suivant la nature du travail.

Le conseil fera , en conséquence , mention dans la taxe , du nombre des séances de jour ou de nuit , etc.

SIXIÈME FORMULE.

Mandat de paiement pour le greffier (1).

Le quartier-maître du   (*désigner ici le corps du déserteur*) paiera, sur la représentation du présent, la somme de   (2) au citoyen   (*mettre ici le nom et le grade du greffier, et désigner le corps auquel il appartient*), pour la totalité des actes qu'il a rédigés en qualité de greffier du conseil de guerre spécial, dans l'affaire du nommé   (*mettre ici le nom et le grade du déserteur, et désigner le corps auquel il appartient*), jugé le   ainsi qu'il conste de l'information et de toutes les pièces du procès qui ont été inscrites et annexées au registre à ce destiné, et desquels registre et pièces j'ai fait la remise au conseil d'administration du corps, le   du mois de   an   (3)

Fait à   le   du mois de   an   de la république françoise, une et indivisible.

---

(1) Ce mandat sera délivré et signé par le rapporteur du conseil de guerre spécial.

(2) Cette somme sera de 10 francs pour chaque affaire jugée contradictoirement, et de 6 francs pour chaque affaire jugée par coutumace : elle sera payée par le corps auquel l'accusé appartient, et sera prélevée sur le produit des amendes ; mais si le corps n'a pas de fonds provenant de ces amendes, il en fera provisoirement l'avance.

Moyennant cette somme, le greffier sera tenu de se fournir, et de fournir le conseil de papier, de plumes, d'encre, de canifs et d'écritoires.

(3) Le quartier-maître s'assurera, avant de payer, si la remise du registre et des pièces a été faite, de même que celle des copies du jugement à envoyer à qui de droit, et fera mettre au greffier son acquit au bas du mandat.

SEPTIÈME FORMULE.

Information (1).

L'an   de la république françoise une et indivisible, et le   du mois de

Nous   (*mettre ici le nom et le grade du rapporteur, et désigner le corps auquel il appartient*, rapporteur nommé par   (*mettre ici le nom et le grade de celui qui a répondu la plainte*), pour informer sur la plainte portée contre   (*mettre ici ses nom, prénoms, grade de l'accusé, et désigner le corps dont il fait partie*).

Assisté du citoyen   (*mettre ici ses nom, prénoms, grade, et désigner le corps auquel il appartient*), dont nous avons fait choix (2) pour être notre greffier, et auquel nous avons fait prêter serment d'en bien et fidèlement remplir les fonctions.

Avons fait venir devant nous   (3) (*mettre ici les nom, prénoms, âge, grade, état ou profession du témoin, et en outre faire mention du corps auquel il appartient, et s'il n'est pas mili-*

---

(1) Il faut qu'elle soit faite sans chiffre, abréviation ni interligne : les changemens se font par renvoi ; ils doivent être signés du témoin et du rapporteur.

Les ratures doivent être approuvées. Pour les approuver, il faut les compter, et en les approuvant, marquer le nombre des mots et des lignes raturées. Cette approbation doit être signée du témoin et du rapporteur.

Chaque page de l'information doit être cotée, paraphée par le rapporteur, et signée du témoin.

(2) « Un officier d'état-major, ou de gendarmerie, ou de la
» garnison, ayant au moins le grade de lieutenant, fera les
» fonctions de rapporteur et de commissaire du gouvernement ;
» *et un sous-officier à son choix, celles de greffier* ». (Art. 17, titre II de l'arrêté du 19 vendémiaire an 12).

(3) Les témoins ne doivent pas faire leurs déclarations en présence les uns des autres.

taire , du lieu de son domicile) lequel après avoir prêté serment entre nos mains de parler sans haine et sans crainte , et de dire la vérité , toute la vérité et rien que la vérité , sur le contenu en la plainte contre le nommé   (*mettre ici le nom de l'accusé*) , dont nous lui avons fait donner lecture en notre présence , par notre greffier , a dit n'être parent , allié (1) , serviteur ni domestique du plaignant ni de l'accusé , et a déclaré qu'il connoît le nommé   pour avoir é.é de la compagnie de   depuis environ   qu'il l'a vu recevoir le prêt , faire le service , passer en revue , qu'il a été présent à ladite compagnie jusqu'au

---

(1) L'article 358 du Code des délits et des peines, du 3 brumaire an 4 , porte :

« Ne peuvent être entendus en témoignage, soit à la requête » de l'accusé , soit à celle de l'accusateur public , soit à celle de la » partie plaignante ,

» 1°. Le père , la mère , l'aïeul , l'aïeule ou autre ascendant » de l'accusé ;

» 2°. Son fils , sa fille , son petit-fils , sa petite-fille ou autre » descendant ;

» 3°. Son frère ou sa sœur ;

». 4°. Ses alliés au degré ci-dessus ;

» 5°. Sa femme ou son mari , même après le divorce légale-» ment prononcé.

» L'accusateur public et la partie plaignante ne peuvent pa-» reillement produire pour témoins les dénonciateurs , quand il » s'agit de délit dont la dénonciation est récompensée pécuniai-» rement par la loi , ou lorsque le dénonciateur peut , de toute » autre manière , profiter de l'effet de sa dénonciation ».

La loi du 15 ventose an 4 , porte : « que les parens et alliés » d'un des coaccusés du même fait , et compris dans le même » acte d'accusation , ne seront pas entendus comme témoins » contre les autres accusés ».

Si le témoin est parent ou allié hors du degré prohibé , il faut en faire mention et recevoir sa déposition.

On suivra la même marche s'il est serviteur ou domestique de l'accusé ou du plaignant.

Dans ces deux cas , les juges ont tel égard que de raison aux déclarations de ces témoins.

du mois de   an   que depuis ce jour-là il n'a pas paru , etc.

(Le témoin doit déclarer tout ce qu'il sait sur le délit et sur ses circonstances).

Lecture faite audit témoin de sa déclaration , a dit qu'elle contient vérité, et qu'il n'a rien à y changer , augmenter ou diminuer , et a signé (1) avec nous et notre greffier.

Avons (2) fait venir ensuite le citoyen   etc. *(Lorsque toutes les déclarations auront été reçues, le rapporteur clorra l'information , ainsi qu'il suit :*

Fait et clos à   le   du mois de an   de la république françoise , et avons signé avec notre greffier :

Nota. Si le conseil de guerre ordonne qu'il soit plus amplement informé, le rapporteur suivra la formule ci-dessus , mais il aura soin de faire mention , dans son verbal , de l'ordonnance du conseil de guerre spécial , en vertu de laquelle il fait une addition à l'information.

HUITIEME FORMULE.

Interrogatoire (3).

L'an   de la république françoise , une et indivisible , et le   du mois

---

(1) « Chaque déclaration sera signée du témoin , du rapporteur » et du greffier. Si le témoin ne sait ou ne veut signer , il en sera » fait mention ». (Art. 30 de l'arrêté du 19 vendémiaire an 12).

(2) Les déclarations des témoins seront reçues à la suite les » unes des autres, sur un seul cahier ». (Art. 29, titre III de l'arrêté du 19 vendémiaire an 12).

(3) S'il y a plusieurs prévenus dans une même affaire, le rapporteur les interrogera séparément.

Chaque interrogatoire sera rédigé sur un cahier séparé, et de la manière indiquée dans la formule ci-contre.

L'interrogatoire doit être fait sans chiffre, abréviation ni interligne.

(51)

Nous   (*mettre ici le nom et le grade du rapporteur, et désigner le corps auquel il appartient*), rapporteur nommé par   (*mettre ici le nom et le grade de celui qui l'a nommé*) , suivant son ordonnance mise au bas de la plainte à lui portée par   (*mettre le nom et le grade du celui qui a porté plainte, et désigner le corps auquel il appartient*) , contre   (*mettre ici les nom, prénoms et grade de l'accusé, et faire mention du corps dont il fait partie*).

Assistés du citoyen   (*désigner son grade et le corps auquel il appartient*) , notre greffier. (*Ce citoyen est celui qui a été nommé par le rapporteur, et auquel il a fait prêter serment avant de commencer l'information*) ,

Avons fait venir devant nous un homme de la taille de   mètre   cheveux et sourcils   les yeux   le visage   le nez   le menton ,   la bouche ,   et après lui avoir fait donner lecture par notre greffier de la plainte ci - dessus relatée , lui avoir demandé ses noms et prénoms , son âge , lieu de naissance , domicile au moment de son entrée au service , son grade et à quel corps il appartient ;

A répondu se nommer   être âgé de né à   département de   domicilié , au moment de son entrée au service , à   département de   être   (*indiquer ici quel est son grade et le corps auquel il appartient*).

Si l'accusé veut y faire des changemens, il en sera fait mention dans la suite de l'interrogatoire.

Les ratures doivent être approuvées.

Pour les approuver, il faut les compter ; en les approuvant, marquer le nombre des mots et des lignes raturés. Cette approbation doit être signée de l'accusé et du rapporteur.

Chaque page de l'interrogatoire doit être cotée et paraphée par le rapporteur, et signée de l'accusé. Si celui-ci ne sait ou ne veut signer, il sera fait mention de son refus.

3 *

1er. Interrogé pourquoi il a été conduit où il est détenu ;

A répondu.....

2e. Interrogé pourquoi il a été arrêté , par qui et en quel endroit ;

A répondu......

3e. Interrogé s'il n'a pas abandonné (1) le
(*désigner ici le corps ou le détachement militaire*).

A repondu.....

4e. Enquis du lieu d'où il a déserté , de l'époque de sa désertion.

A répondu....

5e. Enquis de ce qu'il est devenu depuis qu'il a abandonné ses drapeaux , et de ce qu'il a fait ;

A répondu.....

6e. Interrogé s'il n'est pas informé de la riguenr des lois et des arrêtés du gouvernement contre les déserteurs ;

A répondu......

7e. Interrogé s'il ne sait pas que tout sous-officier ou soldat qui abandonne son corps sans permission, ou qui , ayant obtenu un congé, ne rejoint pas après l'expiration dudit congé , est réputé déserteur ;

A répondu.....

Interrogé   (*Les demandes à faire après celles ci-dessus doivent porter sur l'espèce et sur les circonstances de la désertion de l'accusé. Le rappoteur représentera à l'accusé les preuves ma-*

---

(1) Au lieu de cette demande et de celle qui suit, si l'accusé est déserteur pour n'avoir pas rejoint ses drapeaux , après l'expiration de son congé, on lui fera les deux demandes suivantes :

Interrogé s'il n'avoit pas obtenu un congé limité pour en jouir, à compter de   jusqu'à

A répondu.....

Interrogé pourquoi il a dépassé la durée de ce congé, et n'a pas rejoint dans le délai de faveur après l'expiration dudit congé ;

A répondu.....,

*térielles du délit , s'il y en a , lui demandera s'il
les reconnoît , et , après avoir reçu ses réponses ,
il terminera l'interrogatoire ainsi qu'il suit :*

Lecture à lui faite de ses réponses, a dit qu'elles
contiennent vérité, et qu'il n'a rien à y changer,
augmenter ni diminuer, et a signé (1) avec nous
et notre greffier.

NEUVIEME FORMULE.

*Jugement du conseil de guerre spécial portant
condamnation (2).*

AU NOM DU PEUPLE FRANÇOIS.

Aujourd'hui   *(mettre la date du mois et
l'année)* de la république françoise ,
Le conseil de guerre spécial séant à   dans
la division   *(indiquer si c'est une division
militaire de l'intérieur ou d'une armée)*, créé par

---

(1) Si l'accusé ne sait ou ne veut signer, il en sera fait mention , et l'interrogatoire sera clos par la signature du rapporteur
et de son greffier.

(2) Le conseil de guerre spécial ne connoîtra que du crime de
désertion et des circonstances aggravantes exprimées dans l'arrêté
du 19 vendémiaire an 12.

Son jugement n'est sujet ni à appel, ni à cassation. ni à révision ; il doit être inscrit sur un registre à ce destiné, et appartenant au corps du prévenu. Le conseil d'administration sera
dépositaire de ce registre. Il ne s'en dessaisira qu'entre les mains
des rapporteurs nommés pour instruire les procès des déserteurs
du corps, et chaque rapporteur lui en fera la remise dès que le
jugement aura été rendu, et que l'information, l'interrogatoire
et toutes les autres pièces du procès qui doivent y être annexées,
y auront été inscrites par le greffier.

Une fois assemblé, le conseil de guerre spécial ne pourra désemparer avant d'avoir jugé le procès pour lequel il aura été convoqué, excepté le cas où il trouveroit que l'instruction n'est pas
complète ; alors il ordonnera un plus ample informé, qui ne
pourra être prolongé au-delà de deux fois vingt-quatre heures.

l'arrêté du gouvernement, en date du 19 vendé-miaire an 12, et composé conformément à cet arrêté, des citoyens   (1) (*mettre les noms et les grades des sept juges*), le citoyen
(*mettre le nom et le grade du rapporteur*), fai-sant les fonctions de rapporteur et de commissaire du gouvernement, tous nommés (2) par le citoyen
            (*mettre le nom et le grade du com-mandant d'armes ou du lieu, ou du général de brigade qui aura nommé les juges*), assisté du citoyen   (*mettre le nom et le grade du gref-fier*), greffier nommé par le rapporteur;

Lesquels ne sont parens ou alliés, ni entre eux, ni du prévenu, au degré prohibé par les lois (3).

Le conseil, convoqué par l'ordre du

---

(1) Le conseil de guerre sera composé de sept membres, savoir :

Un officier supérieur,

Quatre capitaines ;

Deux lieutenans.

(2) Les membres du conseil de guerre seront nommés par le commandant d'armes ou du lieu; et à l'armée, par le général de brigade sous les ordres duquel sera le corps de l'accusé.

Ils seront pris dans les différens corps de la garnison ; et à l'armée dans les différens corps sous les ordres d'un même général de brigade.

Ils seront commandés à tour de rôle, et à l'ordre, par ledit commandant d'armes ou général de brigade, la veille du jour où le conseil devra se réunir.

S'il n'y avoit dans la place, ou sous les ordres du général de brigade, que le corps de l'accusé, les membres du conseil de guerre spécial seroient tous pris dans ce corps ; et s'il n'y en avoit pas assez pour former ledit conseil, il en seroit appelé un nombre suffisant de la troupe voisine.

Aucun des membres qui l'auront composé ne pourra être appelé de nouveau à un conseil de guerre spécial qu'à son tour de rôle.

(3) L'ascendant et le descendant en ligne directe, l'oncle et le neveu, les cousins au premier degré, et les alliés à ces divers degrés, ne peuvent être simultanément membres du même con-seil de guerre spécial.

*(mettre ici le nom et le grade de celui qui aura.
nommé les juges)*, s'est réuni à   (1) (*désigner l'endroit)* , à l'effet de juger   (*mettre
ici les nom , prénoms , profession ou grade et corps
de l'accusé , son lieu de naissance , son domicile
avant d'entrer au service , et son signalement)*.

La séance ayant été ouverte , le président a fait
apporter par le greffier et déposer devant lui sur le
bureau , un exemplaire de l'arrêté précité du 19
vendémiaire an 12 , et a demandé ensuite au rapporteur la lecture de-la plainte, du procès-verbal
d'information, et de toutes les pièces, tant à charge
qu'à décharge envers l'accusé , au nombre de
(mettre ici le nombre des pièces).

Cette lecture terminée, le conseil a délibéré sur
l'état de la procédure (2), et ayant trouvé que l'instruction étoit complète (3), le président a ordonné

---

(1) Les conseils de guerre tiendront leurs séances chez le
commandant d'armes de la place, qui sera tenu de chauffer et
éclairer le lieu de la séance, et de fournir au conseil les tables et
siéges nécessaires, sans qu'il puisse pour cela réclamer aucune
somme ni dédommagement.

Dans les lieux où il n'y aura pas de commandant d'armes en
titre, la séance se tiendra à l'hôtel de la mairie, et aux frais de
la commune.

A l'armée, sous une tente qui sera dressée à cet effet.

(2) Si l'instruction n'est pas complète, le conseil s'exprimera
ainsi qu'il suit :

« Et ayant trouvé que l'instruction n'étoit pas complète, a
ordonné qu'il seroit plus amplement informé : en conséquence,
enjoint au rapporteur de recevoir les dépositions de
(désigner les témoins) , ou d'informer sur les faits suivans
(*mentionner ces faits*), ou de se procurer les pièces ci-après
          (*désigner ces pièces*), dans le délai de   (*dire
dans combien d'heures , et ne pas dépasser le nombre de
quarante-huit)* , à l'expiration duquel délai le conseil de guerre
spécial reprendra sa séance.

» Fait en séance publique à   les jour , mois et an que
dessus ; et les membres du conseil ont signé avec le rapporteur et
le greffier ».

(3) Si, outre le crime de désertion, le conseil trouve que

à la garde d'amener l'accusé, lequel a été introduit libre et sans fers devant le conseil, accompagné de son défenseur officieux.

Interrogé de ses nom, prénoms, âge, état, grade, lieu de naissance, domicile avant d'entrer au service, a répondu,

(*Mettre ici la réponse de l'accusé*).

Après avoir donné à l'accusé connoissance des faits à sa charge, lui avoir fait prêter interrogatoire par l'organe de son président, avoir entendu séparément les témoins ; (*s'il y a des pièces de conviction, on ajoutera* : représenté les pièces de conviction);

Ouï le rapporteur dans ses conclusions, et l'accusé dans ses moyens de défense, tant par lui que par son défenseur officieux, lesquels ont déclaré n'avoir rien à ajouter à leurs moyens de défense, le président a demandé aux membres du conseil s'ils

---

l'accusé en a commis un plus sévèrement puni par les lois, il renverra l'accusé, la procédure et les pièces du procès pardevant le tribunal compétent, et il en rendra compte au ministre de la guerre. Dans ce cas, il s'exprimera ainsi qu'il suit :

« Cette lecture terminée, le conseil de guerre, considérant que ledit (*mettre ici les nom et prénoms de l'accusé*), accusé de désertion (*énoncer l'espèce et les circonstances de la désertion dont s'agit*), est en outre prévenu de (*faire mention des faits dont il est prévenu*); considérant que ce crime est plus grave que celui de la désertion dont s'agit, attendu qu'il est puni de par la loi du (*citer l'article et la date de la loi*), et que celui de la désertion dont il est ici question, est puni seulement de quinze cents francs d'amende, et de (*indiquer la peine suivant l'article*), titre de l'arrêté du 19 vendémiaire an 12 ;

» Ordonne, conformément à l'article 34, titre III dudit arrêté, que l'accusé, la procédure et les pièces du procès seront envoyés pardevant le (*indiquer quel est ce tribunal*), et que, séance tenante, le conseil de guerre spécial en rendra compte au ministre de la guerre ;

» Charge, au surplus, le rapporteur de faire exécuter le présent jugement dans tout son contenu.

» Fait à   etc. »

avoient des observations à faire ; sur leur réponse négative, le président, au nom et de l'avis du conseil, a posé les questions (1) ainsi qu'il suit :

Le nommé   (*mettre le nom et les prénoms de l'accusé*), qualifié ci-dessus, est-il convaincu de s'être rendu coupable du crime de désertion ?

A-t-il déserté   (*mettre ici si c'est à l'ennemi ou aux rebelles, ou à l'étranger, ou à l'intérieur ?*

A-t-il déserté   (*étant en faction, ou avec armes, ou, etc. (2) ?*

Les questions ayant été définitivement posées en public et en présence de l'accusé, le président a ordonné au défenseur et à l'accusé de se retirer. L'accusé a été reconduit par son escorte à la prison : le greffier et les citoyens assistans dans l'auditoire se sont retirés sur l'invitation du président.

Le conseil après avoir délibéré à huis clos, en présence seulement du commissaire du gouvernement, le président ayant recueilli les voix, en commençant par le grade inférieur et par le moins ancien dans chaque grade, et ayant émis son opinion le dernier (3), le conseil déclare à la majorité de   (4) (*quatre, cinq, six voix, ou à*

---

(1) Si deux ou plusieurs sous-officiers ou soldats sont accusés d'avoir déserté ensemble, ou d'avoir formé le projet de déserter, il faudra poser séparément, pour chacun d'eux, les questions de culpabilité.

(2) Les questions relatives aux circonstances de la désertion, seront présentées chacune séparément, sans qu'il soit nécessaire de commencer par les plus aggravantes.

(3) Chacun des juges émettra son opinion par écrit, et la signera; c'est-à-dire que chaque juge écrira son opinion sur une feuille de papier autre que celle sur laquelle le jugement sera écrit. Cette feuille sera jointe au dossier du procès, et transcrite, comme les autres, sur le registre dont il a été parlé ci-dessus.

(4) Le jugement sera rendu à la majorité absolue des voix. (Art. 40, titre III de l'arrêté du 19 vendémiaire an 12).

3 **

l'unanimité), que le nommé   (*mettre le nom et les prénoms de l'accusé*) est coupable,

1°. De   (*il faut mettre ici, à la suite les unes des autres, les réponses du conseil sur les questions posées*).

Sur quoi le commissaire du gouvernement a fait son réquisitoire pour l'application de la peine.

Les voix recueillies de nouveau par le président, dans la forme indiquée ci-dessus, le conseil, faisant droit sur ledit réquisitoire, condamne à la majorité de   (*quatre, cinq, six voix ou à l'unanimité*) le nommé   (*mettre ici le nom, les prénoms, l'état et le grade de l'accusé*) à la peine de   (1) (*indiquer la peine*, et à l'amende de quinze cents francs, conformément aux articles   de l'arrêté du 19 vendémiaire an 12, conçus ainsi qu'il suit :   (*insérer ici tout au long ces articles*).

Ordonne que l'information et autres pièces du procès seront inscrites sur le présent registre, et qu'elles y seront annexées ;

Ordonne qu'il sera fait par notre greffier quatre copies du présent jugement ; savoir : deux pour le ministre de la guerre (2), une pour le général de la

---

(1) Il est expressément défendu au conseil de guerre spécial, sous peine de forfaiture, de commuer ni diminuer les peines portées contre les déserteurs, par l'arrêté du 19 vendémiaire an 12, art. 41, titre III dudit arrêté.

(2) Ces copies seront envoyées, dans la huitaine qui suivra la condamnation, au ministre de la guerre, par le commandant du corps du condamné, qui les fera préalablement certifier conformes à l'original, par le commandant d'armes où du lieu, ou par le général de brigade qui aura assemblé le conseil de guerre spécial.

Il faut que ces copies soient bien écrites et faites de manière qu'après le certifié conforme à l'original, il reste au moins une demi-page de papier en blanc, afin que le ministre de la guerre puisse légaliser celle de ces copies qu'il doit envoyer à l'administration des domaines et de l'enregistrement, pour faire poursuivre le paiement de l'amende de quinze cents francs.

division (1), et une pour être déposée au lieu où sera détenu le condamné.

Enjoint au rapporteur de faire exécuter ledit jugement dans tout son contenu, excepté en ce qui concerne l'amende de quinze cents francs, dont le paiement sera poursuivi à la diligence de l'administration des domaines et de l'enregistrement, conformément aux dispositions de l'arrêté précité.

Fait, clos et jugé sans désemparer, en séance publique, les jour, mois et an que dessus ; et les membres du conseil ont signé, avec le rapporteur et le greffier, la minute du présent jugement (2).

(Ici les juges, le rapporteur et le greffier signent).

DIXIÈME FORMULE.

Jugement du conseil de guerre spécial, portant absolution du crime de désertion, et mise en liberté de l'accusé.

Cejourd'hui   *(il faut suivre la formule du jugement du conseil de guerre portant condamnation, jusqu'à l'alinéa qui commence, ainsi que l'alinéa suivant de la présente formule)* :

Le conseil, après avoir délibéré à huis clos, en présence seulement du commissaire du gouvernement, le président, ayant recueilli les voix, en commençant par le grade inférieur et par le moins ancien de chaque grade, et ayant émis son opinion

---

(1) La copie pour le général de la division et celle qui doit être déposée au lieu où sera détenu le condamné, seront également certifiées conformes à l'original, par le commandant d'armes ou du lieu, ou par le général de brigade qui aura assemblé le conseil de guerre. Le rapporteur fera la remise de cette dernière au lieu indiqué, et le commandant du corps enverra l'autre au général de la division.

(2) Le rapporteur fera exécuter le jugement dans les vingt-quatre heures.

le dernier , le conseil déclare à la majorité (1) de   (*de quatre, cinq, six voix, ou à l'unanimité*)   que le nommé   (*mettre le nom, les prénoms, l'état et le grade de l'accusé*), n'est pas coupable ,

1°. De   (*il faut mettre ici, à la suite les unes des autres les réponses du conseil sur les questions posées*).

Sur quoi le commissaire du gouvernement ayant été entendu , les voix recueillies de nouveau par le président , dans la forme indiquée ci-dessus ,

Le conseil de guerre spécial déclare que (*mettre ici les nom et prénoms, et le grade de l'accusé*) est acquitté de l'accusation dirigée contre lui (2), ordonne qu'il sera mis en liberté et renvoyé à son corps pour y continuer son service ;

Ordonne que l'information et les autres pièces du procès seront transcrites sur le présent registre, et qu'elles y seront annexées ;

Ordonne en outre que copie du présent jugement sera adressée , sous huitaine , au ministre de la guerre , et au général commandant la division , par le chef du   (*indiquer le corps auquel l'acquitté appartient*) , et charge le rapporteur de le faire exécuter dans tout son contenu.

Fait, clos et jugé sans désemparer , en séance publique , à   les jour, mois et an que dessus ; et les membres du conseil ont signé avec le rapporteur et le greffier.

(*Les juges et le rapporteur signent ici ; et le greffier après eux*).

---

(1) Le jugement sera rendu à la majorité absolue des voix. (Art. 40 , titre III).

(2) Si l'acquitté est prévenu d'un autre délit moins grave, et dont la répression n'est pas du ressort du conseil de guerre spécial, le conseil, après l'avoir acquitté du crime de désertion , le renverra au tribunal ou chef militaire compétent auquel l'information et les autres pièces du procès, après avoir été transcrites sur le registre, seront adressées avec copie du jugement.

CONTUMAX.

Les formalités à suivre envers les contumax, sont les mêmes que celles prescrites envers les accusés présens ; avec cette différence pourtant, que lorsque l'accusé est contumax, la formule de l'interrogatoire devient inutile, et qu'il faut omettre des autres formules tout ce qui suppose l'accusé présent et tout ce qui ne peut se faire qu'en sa présence. Il faut en outre faire mention dans le jugement, que l'accusé est contumax.

La contumace ne peut se purger que devant un conseil de guerre spécial, assemblé dans le lieu où se trouve le corps ou le détachement auquel l'accusé appartient.

Si le condamné par contumace se constitue prisonnier, ou s'il est pris ou arrêté, le jugement rendu et les procédures faites contre lui par suite de la plainte et de l'ordonnance portant permission d'informer, sont anéantis de plein droit ; et il est procédé à son égard dans la forme indiquée pour les accusés présens.

Dans ce cas, la plainte et l'ordonnance portant permission d'informer doivent être présentées, par le chef dudit corps ou détachement, au commandant d'armes ou du lieu, si c'est dans l'intérieur de la république, et au général de brigade sous les ordres duquel il est, si c'est à l'armée, pour qu'il nomme un nouveau rapporteur et le charge d'instruire le procès contradictoirement.

Le ministre de la guerre ordonne que les formules et instructions ci-dessus seront suivies, tant aux armées que dans les divisions militaires de l'intérieur de la république, et qu'elles seront imprimées et annexées aux exemplaires de l'arrêté du 19 vendémiaire an 12, concernant les dépôts de conscrits réfractaires, la composition et compétence des conseils de guerre spéciaux , la procédure de ces conseils et les peines contre la désertion.

Fait à Paris le 22 du mois de frimaire an 12 de la république françoise.

Signé Alex. Berthier.

Extrait *du registre des délibérations du conseil d'état.*

Du 17 ventose an 12.

A V I S.

Le conseil d'Etat, qui, d'après le renvoi du gouvernement, a entendu le rapport de la section de la guerre sur celui du ministre chargé de ce département, tendant à faire décider si le déserteur qui n'a emporté qu'une partie de ses armes ou de celles de ses camarades, doit être puni de mort, en vertu de l'article 67 de l'arrêté du 19 vendémiaire an 12 ;

Vu l'article 67 de l'arrêté précité, qui s'exprime ainsi qu'il suit :

« Sera puni de mort tout déserteur qui aura em-
» porté ses armes ou celles de ses camarades ».

Considérant, 1°. que le mot *ses* a toujours emporté l'idée de la totalité des objets dont il s'agit, et non celle d'une partie desdits objets ;

2°. Que les armes à feu constituent essentiellement l'armement des troupes françoises ; que ce sont les seules qui puissent être très-dangereuses dans les mains des déserteurs, celles dont la conservation importe le plus à l'état, celles que le déserteur ne peut emporter qu'avec le projet bien formel, ou de nuire aux citoyens et à l'état, ou d'opposer une forte résistance aux individus chargés d'arrêter les déserteurs ;

3°. Enfin, que si l'on peut laisser fléchir la rigueur des lois en faveur des déserteurs qui n'ont emporté que leur propre sabre ou leur baïonnette, il est impossible d'user de la même indulgence en faveur de ceux qui ont emporté même une seule des armes blanches de leurs camarades ;

Est d'avis que le nº. 4 de l'article 67 de l'arrêté du 19 vendémiaire an 12, doit être rédigé ainsi qu'il suit :

« Sera puni de mort,

» Tout déserteur qui aura emmené son cheval » ou celui d'un militaire quelconque ;

» Tout déserteur qui aura emporté son arme ou » ses armes à feu ;

» Tout déserteur qui aura emporté, soit une » arme à feu, soit une arme blanche de l'un de » ses camarades ;

» L'enlèvement de la baïonnette ou celui du sa-» bre seront considérés comme circonstances aggra-» vantes de la désertion, et en conséquence la du-» rée de la peine du boulet et celle des travaux » publics sera augmentée de deux ans contre le dé-» serteur qui aura emporté son sabre ou sa baïon-» nette ».

Pour extrait conforme :

Le secrétaire général du conseil d'état,

signé, J. G. LOCRÉ.

Approuvé le 22 ventose an 12.

Le premier consul, signé BONAPARTE.

Par le premier consul,

Le secrétaire d'état, signé HUGUES B. MARET.

Extrait *des minutes de la secrétairerie d'état.*

Du 13 prairial an 12.

TITRE V.

Amnistie aux sous-officiers et soldats des troupes de terre et de mer, déserteurs à l'intérieur, qui rejoindront au terme fixé; et remise de l'amende encourue par eux ou leurs pères et mères.

10. Amnistie est accordée à tout sous-officier ou soldat des troupes de terre ou de mer, condamné aux travaux publics pour fait de désertion.

11. Tout individu condamné auxdits travaux et actuellement détenu dans les ateliers ou dans les prisons civiles ou militaires, sera conduit à son corps par la gendarmerie.

Tout individu condamné auxdits travaux, mais non détenu, devra, pour jouir du bienfait du présent décret impérial, se présenter, au plus tard, dans le mois qui suivra sa publication, pardevant un sous-préfet, inspecteur ou sous-inspecteur aux revues, ou commissaire des guerres, et déclarer qu'il est repentant de son crime, qu'il demande à reprendre du service et à rejoindre de suite son corps.

12. Amnistie est pareillement accordée à tout sous-officier et soldat actuellement en congé expiré, ou en état de désertion, et non jugé, en, par lui, faisant, dans le délai, prescrit par l'article 11, la déclaration y contenue, entre les mains de l'un des fonctionnaires y dénommés.

13. Ceux des individus désignés dans l'article précédent, qui sont détenus dans les prisons civiles ou militaires, seront conduits par la gendarmerie à leurs corps respectifs.

Les déserteurs condamnés ou non condamnés, qui se seront librement présentés pour faire leur déclaration, recevront des fonctionnaires entre les mains desquels ils l'auront faite, une route pour se rendre à leurs corps respectifs : cette route fera mention de leur déclaration. Lesdits fonctionnaires publics donneront avis aux corps respectifs, des déclarations qu'ils auront reçues, et de l'époque à laquelle les déclarans devront avoir rejoint.

14. Rémission est accordée à tout conscrit réfractaire qui, dans le mois de la publication du présent décret impérial, fera à l'un des fonctionnaires dénommés dans l'article 11, la déclaration prescrite par le même article.

Tous les conscrits réfractaires réunis dans les dépôts créés par l'arrêté du 19 vendémiaire, seront conduits à leurs corps respectifs, par des officiers ou sous-officiers desdits dépôts. Ceux qui sont actuellement détenus dans des prisons civiles ou militaires, y seront conduits par la gendarmerie.

Ceux qui se seront librement présentés, recevront une route pour s'y rendre, ainsi qu'il est prescrit par l'article 13 ci-dessus, à l'égard des sous-officiers et soldats déserteurs.

Les conscrits réfractaires qui n'auroient pas précédemment reçu de destination, seront envoyés au corps d'infanterie le plus voisin du lieu où ils auront fait leur déclaration.

15. Tout déserteur ou conscrit réfractaire sera, en arrivant à son corps, présenté au conseil d'administration chargé de l'admettre à l'amnistie ou à la rémission ; après que le conseil aura prononcé l'amnistie ou la rémission, lesdits individus passeront en présence du corps sous le drapeau ou étendard du premier bataillon ou escadron ; puis ils seront admis à prêter individuellement le serment prescrit par le sénatus-consulte du 28 floréal dernier.

16. Le chef du corps remettra à chaque indi-

vidu en faveur duquel on aura prononcé l'amnistie ou la rémission, un certificat signé par les membres du conseil, et visé par l'inspecteur aux revues. Ce certificat, qui constatera la prestation du serment de l'individu y dénommé et signalé, sera de suite adressé au conseiller d'état directeur général de la régie de l'enregistrement. Au vu dudit certificat, le directeur général fera cesser toute poursuite en paiement de l'amende encourue par ledit individu ou par ses père et mère.

17. Le chef de chaque corps dénoncera de nouveau, au 15 fructidor prochain, au premier inspecteur général de la gendarmerie, et à leurs préfets respectifs, tous les individus de son corps qui, appelés à jouir du bénéfice du présent décret impérial, n'auront pas rejoint leurs drapeaux.

Il dénoncera, à la même époque, au conseil de guerre spécial, ceux qui, ayant fait leur déclaration, n'auront pas rejoint au terme qui leur aura été fixé; les conseils de guerre les jugeront de suite, les condamneront à la peine du boulet, comme coupables d'avoir déserté une seconde fois.

18. Le terme de rigueur fixé par l'arrêté du 15 floréal dernier aux marins déserteurs et aux individus soumis à la conscription maritime, pour être admis à jouir de l'amnistie accordée par le susdit arrêté, est prorogé jusqu'au premier fructidor, dans le cas prévu par l'article 2 de l'arrêté précité; jusqu'au premier brumaire, dans le premier cas prévu par l'article 3; et jusqu'au premier ventôse, dans le deuxième cas prévu par cet article.

19. Les ministres sont chargés, chacun en ce qui le concerne, de l'exécution du présent décret impérial, qui sera inséré au bulletin des lois.

Signé, NAPOLÉON.

Par l'Empereur, *le secrétaire d'état*,

Signé Hugues B. Maret.

DÉCRET IMPÉRIAL *concernant les militaires ou employés à la suite de l'armée, convaincus d'avoir excité leurs camarades à la désertion.*

Au palais des Tuileries, le 23 ventose an 13.

NAPOLÉON, Empereur des François ;

Sur le rapport du ministre de la guerre ;

Vu l'article 67 de l'arrêté du 19 vendémiaire an 12, ainsi conçu :

« Sera puni de mort,

» 1.° Le déserteur à l'ennemi ;

» 2.° Tout chef de complot de désertion ;

» 3.° Tout déserteur étant en faction, etc. »

L'article 68 du même arrêté, portant :

« Seront réputés déserteurs à l'ennemi, ceux qui » ont été qualifiés comme tels par la loi du 21 bru- » maire an 5.

» Seront réputés chefs de complot, ceux qui ont » été qualifiés comme tels par la loi précitée. »

Les articles 5 et 6 du titre Ier. de la loi du 21 brumaire an 5, ainsi conçus :

« Art. 5. Tout militaire ou autre individu em- » ployé à l'armée et à sa suite, qui sera convaincu » d'avoir excité ses camarades à passer à l'ennemi, » sera réputé chef de complot, et puni de mort, » quand même la désertion n'auroit point eu lieu.

» 6. Lorsque des militaires auront formé le com- » plot de passer à l'ennemi, et que le chef du com- » plot ne sera pas connu, le plus élevé en grade des » militaires complices, ou, à grade égal, le plus » ancien de service, sera réputé chef de complot, » et puni comme tel.

» Si le complot a été formé seulement par des » employés à la suite de l'armée. le plus élevé en » grade, et, à grade égal, le plus ancien de ser-

» vice, sera réputé chef du complot, et puni comme
» tel. »

Considérant que la loi du 21 brumaire an 5, à
laquelle renvoie l'arrêté du 19 vendémiaire an 12,
pour la définition du chef de complot de désertion,
ne contient aucune disposition qu'on puisse appli-
quer textuellement aux chefs de complot de désertion à l'étranger ou à l'intérieur, qu'il est urgent de
s'expliquer à ce sujet;

Le conseil d'état entendu, décrète :

Art. 1. A l'avenir, tout militaire ou autre individu employé à la suite de l'armée, qui sera convaincu d'avoir excité ses camarades à déserter, soit
à l'ennemi, soit à l'étranger, soit à l'intérieur, sera
réputé chef de complot, et, comme tel, puni de
mort.

2. Le ministre de la guerre est chargé de l'exécution du présent décret.

Signé, NAPOLÉON.

Par l'Empereur, *le secrétaire d'état,*

signé, Hugues B. Maret.

Extrait *du décret impérial relatif à la
levée de la conscription de l'an* 14.

Au camp impérial de Boulogne, le 8 fructidor an 13.

57. Si un conscrit remplacé vient à mourir, le
remplaçant restera aux drapeaux comme s'il eût
marché pour son propre compte; il en sera spécia-
lement prévenu par le préfet ou sous-préfet, qui
dressera l'acte de remplacement. Si c'est le remplaçant qui meurt, après avoir été admis au corps, le
remplacé est dégagé de tout service.

58. Les suppléans qui ne rejoindront pas, ou qui
déserteront après avoir rejoint, seront dénoncés par
le commandant du corps pour lequel ils étoient

destinés ou dont ils faisoient partie, pour être traduits devant un conseil de guerre spécial, et condamnés par ledit conseil à cinq ans de la peine du boulet, sans que leurs père et mère soient solidaires de l'amende qui fera partie de la condamnation.

A cet effet, le capitaine de recrutement préviendra particulièrement chaque colonel du départ des suppléans, et de l'époque présumée de leur arrivée aux drapeaux.

Lorsque le suppléant condamné pour n'avoir pas rejoint ou pour avoir déserté, sera arrêté dans le mois de sa condamnation, le remplacé, en en justifiant, sera dispensé de fournir un nouveau suppléant ou de marcher lui-même.

Toutes les fois qu'un suppléant désertera, ou sera réformé pour des causes non provenant du service, les engagemens contractés avec lui par le remplacé seront déclarés comme non avenus, et il sera tenu à rembourser toutes les sommes par lui reçues du remplacé.

59. Il est défendu, sous peine de destitution, tant aux officiers conducteurs qu'aux colonels ou conseils d'administration, d'autoriser ou laisser opérer aucun remplacement de conscrits, de les réformer ou congédier sous quelque prétexte que ce soit, avant ou après leur admission aux drapeaux, sans en avoir reçu l'autorisation par écrit du ministre de la guerre, sur le rapport que lui en fera le général commandant le département; sauf toutefois les conscrits qui, ayant été désignés quoique absens, ne se seront pas conformés à ce qui est prescrit article 46 : l'officier-général, sur la demande du colonel, les fera visiter, et prononcera, s'il y a lieu, leur réforme; ils seront aussitôt renvoyés dans leurs foyers. L'officier-général en rendra compte au ministre de la guerre, et en préviendra le préfet du département auquel appartiendront ces conscrits, pour qu'ils soient remplacés de suite, et soumis, s'il y a lieu, à payer l'indemnité réglée par l'article 46.

TITRE X.

Des peines pour les malversations commises dans les opérations relatives à la conscription.

60. Conformément à la loi du 28 nivose an 7, tout docteur en médecine ou en chirurgie, tout officier de santé, tout agent de l'administration civile, tout officier ou sous-officier de l'armée, convaincus d'avoir attesté à faux des infirmités ou des incapacités, ou d'avoir, à raison de leurs visites ou fonctions, reçu des présens ou gratifications ; soit avant, soit après, seront punis, par voie de police correctionnelle, d'une peine qui ne pourra être moindre d'une année d'emprisonnement, ni excéder deux ans, et, en outre, d'une amende qui ne pourra être moindre de trois cents francs, ni excéder mille francs. Ils seront en outre poursuivis, s'il y a lieu, pour le remboursement, en faveur des hôpitaux, des présens ou gratifications qu'ils auront reçus.

DÉCRET IMPÉRIAL *relatif à la désertion.*

Au quartier général impérial de Strasbourg, le 8 vendémiaire an 14.

NAPOLÉON, Empereur des François, Roi d'Italie;

Sur le rapport de notre ministre de la guerre ; notre conseil d'état entendu,

Nous avons décrété et décrétons ce qui suit :

Art. 1. A compter de la publication du présent décret, tout militaire ou autre individu employé à la suite de l'armée, qui sera convaincu d'avoir excité ses camarades à déserter ; soit à l'ennemi, soit à l'étranger, soit à l'intérieur, sera réputé chef de complot, et comme tel, puni de mort.

2. Lorsque des militaires auront formé le com-

plot de déserter, soit à l'ennemi, soit à l'étranger, soit à l'intérieur, et que le chef du complot ne sera pas connu, le plus élevé en grade des militaires complices, ou, à grade égal, le plus ancien de service, ou, à égalité d'ancienneté de service, le plus âgé, sera réputé chef de complot et puni comme tel.

Si le complot a été formé seulement par des employés à la suite de l'armée, le plus élevé en grade, ou, à grade égal, le plus ancien de service, ou, à égalité d'ancienneté de service, le plus âgé sera réputé chef de complot et puni comme tel.

3. Notre ministre de la guerre et notre grand-juge ministre de la justice sont chargés chacun en ce qui le concerne, de l'exécution du présent décret.

Signé NAPOLÉON.

Par l'Empereur, *le secrétaire d'état*,

signé HUGUES B. MARET.

CIRCULAIRE *sur la désertion.*

A Lintz, le 23 janvier 1806.

Le ministre de la guerre, au colonel du régiment.

Je suis informé, Monsieur, que parmi les militaires qui entrent aux hôpitaux, il en est qui, au lieu de s'empresser de rejoindre leurs drapeaux lorsque leur santé est rétablie, les abandonnent, se retirent sans permission dans l'intérieur de l'empire, et parviennent ainsi à se soustraire au service militaire et à la peine qu'ils ont encourue, attendu que les corps auxquels ils appartiennent n'exercent aucune poursuite contre eux, et se bornent à mettre à exécution une des dispositions de l'article 15 du décret du 25 germinal an 13, conçue ainsi qu'il suit : « Les militaires aux hôpitaux externes dont » l'existence n'auroit pas été justifiée depuis trois

» mois au conseil d'administration de leur corps,
» seront rayés des contrôles. »

Pour réprimer cette désertion, je vous ordonne
de porter plainte contre tout sous-officier ou soldat
de votre corps qui vous sera signalé, soit sur les
états des économes des hôpitaux civils ou militaires, soit par un membre du corps des commissaires des guerres, comme s'étant évadé d'un hôpital, ou comme en étant sorti pour rejoindre, et
qui n'auroit pas rejoint dans le délai fixé par les
réglemens, en raison de la longueur de la route.

Sur cette plainte, à laquelle vous aurez soin de
joindre un extrait de l'état formé par l'économe ou
de la lettre du commissaire des guerres, certifiée
par le conseil d'administration du corps, et sur
la déclaration de deux témoins, attestant qu'ils
connoissent le délinquant pour avoir fait partie du
corps, qu'ils l'ont vu y faire le service et recevoir
le prêt, qu'il y a été présent jusqu'à telle époque,
et qu'il n'y a pas reparu depuis, le conseil de guerre
spécial rendra un jugement par contumace.

Je viens d'inviter S. E. le ministre-directeur de
l'administration de la guerre, à donner des ordres
pour que les économes des hôpitaux civils ou militaires et les commissaires des guerres exécutent
ponctuellement les dispositions suivantes de l'article 15 du décret précité : « A l'expiration de
» chaque mois, l'économe de chaque hôpital civil
» ou militaire formera des états par corps de tous
» les militaires qui se trouveront audit hôpital et
» qui appartiendront à des corps non stationnés dans
» la même place que l'hôpital. Ces états présente-
» ront les nom, prénoms, grade, et l'époque de
» l'entrée à l'hôpital de chaque militaire. L'économe
» les certifiera véritables, et les remettra, dans les
» dix premiers jours du mois suivant, au commis-
» saire des guerres ayant la police militaire de l'hô-
» pital, lequel sera tenu de les adresser de suite,
» et par la poste, s'il y a lieu, aux conseils d'ad-

» ministration des corps qu'ils concerneront respec-
» tivement. »

De votre côté, vous devez ne jamais perdre de vue aucun des hommes du corps que vous commandez. Il faut, lorsque vous n'aurez pas reçu des nouvelles de quelqu'un d'entre eux, vous adresser pour en avoir, au commissaire-ordonnateur ayant la police de l'hôpital où il seroit entré, et si vos soins, étoient infructueux, m'en instruire ; me faire connoître ce que vous auriez fait pour savoir ce que ce militaire seroit devenu, le rayer des contrôles en vous conformant au décret du 25 germinal an 13, et m'adresser son signalement en double expédition.

Je compte, Monsieur, sur votre empressement et votre exactitude à exécuter les ordres que contient la présente, et vous charge de m'en faire connoître les résultats, tous les trois mois, à dater du 15 avril prochain.

CIRCULAIRE *du directeur général des revues et de la conscription militaire, sur la désertion.*

Paris, le 5 janvier 1807.

Ayant eu occasion de remarquer, Messieurs, que les lois relatives à la désertion ne produisent pas tout l'effet que S. M. l'Empereur et Roi avoit droit d'en attendre, parce qu'elles ne sont pas assez exactement observées, il est de mon devoir de fixer votre attention sur les obligations qu'elles vous imposent, et d'ajouter aux instructions données par son altesse le ministre de la guerre, celles que le décret du 8 juillet 1806 a rendues nécessaires.

Art. 1er. Tout chef de corps ou de détachement militaire, dont un sous-officier ou soldat aura abandonné on n'aura pas rejoint ses drapeaux, devra, sous peine de quinze jours d'arrêts forcés, et de plus

4

forte peine, s'il y a lieu, ainsi que le prescrit l'article 23, titre III de l'arrêté du 19 vendémiaire an 12, porter plainte contre ledit sous-officier ou soldat, dans les vingt-quatre heures qui suivront l'époque où, en exécution du titre IX du même arrêté, il devra être réputé déserteur.

2. La plainte sera dressée suivant le modèle ci-joint, n° 1er, qui, à quelques additions près, destinées à compléter le signalement de l'accusé, est en tout semblable à la formule n° 1er, annexée à l'arrêté précité et aux circulaires de son altesse.

3. Toutes les fois que la plainte devra être portée contre un déserteur non ramené au corps, cette plainte sera accompagnée de deux expéditions de son signalement, rédigées dans la forme du modèle n° 2. Elles seront visées par le commandant de la place ou par l'officier-général à qui la plainte aura été remise, et adressée par lui, l'une à l'officier de gendarmerie du lieu ou l'accusé aura déserté, et l'autre au premier inspecteur-général de la gendarmerie.

4. La plainte ne devra jamais comprendre qu'un seul déserteur, si ce n'est lorsqu'il s'agira d'un complot ; car alors il ne faut pour tous les coaccusés qu'une plainte, qu'une information, qu'un jugement.

5. Dans aucun cas, on ne devra porter plus d'un déserteur sur la même feuille de signalement.

6. Le 15 de chaque mois, il me sera adressé par le major, et en cas d'absence, par l'officier commandant la portion du corps près de laquelle le conseil d'administration résidera, les quatre états suivans :

1°. Un état nominatif des déserteurs du corps pendant le mois précédent. Cet état sera conforme au modèle n° 3 (1) ; et quand il n'y aura point eu de désertion, cet état sera négatif.

____

(1) *Voir* la circulaire du 17 septembre 1810.

Cet état devra comprendre aussi ceux des sous-officiers et soldats qui, entrés dans les hôpitaux, doivent être jugés comme déserteurs, en exécution de la circulaire de son altesse le ministre de la guerre, du 23 janvier 1806 ;

2°. Un état nominatif des déserteurs rentrés ou reconduits au corps pendant le mois précédent. Cet état sera conforme au modèle n° 4 ; et quand il ne sera rentré aucun déserteur, il sera négatif ;

3°. Un état nominatif des sous-officiers et soldats rayés des contrôles pour cause de longue absence. Cet état sera conforme au modèle n° 5 (1) ; et quand nul homme n'aura été rayé, il sera négatif ;

4°. Enfin, un état nominatif des sous-officiers et soldats qui, précédemment rayés des contrôles pour cause de longue absence, seront rentrés pendant le mois précédent. Cet état sera conforme au modèle n° 6, et négatif, s'il y a lieu.

7. Afin que le major puisse m'adresser, à l'époque ci dessus prescrite, les états demandés, le commandant de tout détachement séparé du dépôt général du corps (que ce détachement soit composé de bataillons ou escadrons de guerre, de compagnies ou fractions de compagnie), adressera au major, du premier au 5 de chaque mois, les élémens des états ci-dessus demandés. Ils seront rédigés de la même manière que ceux qui doivent m'être adressés le 15 par le major.

8. Lorsqu'un corps ou un détachement militaire sera en route, et qu'un ou plusieurs sous-officiers et soldats en déserteront, le chef de ce corps ou détachement fera de suite, conformément au modèle ci-joint n° 2, sauf le vu du général de brigade ou commandant d'armes, deux expéditions du signalement de chacun de ces déserteurs : il en adressera une au commandant de la gendarmerie du lieu où

-----

(1) *Voir* la circulaire du 17 septembre 1810.

4*

ils auront déserté, et l'autre au premier inspecteur-général de la gendarmerie impériale, et portera plainte contre les prévenus dans les vingt-quatre heures qui suivront son arrivée à sa destination, ou son arrivée dans un lieu où il aura reçu ordre de séjourner assez de temps pour faire juger une partie ou la totalité de ces déserteurs.

9. Lorsqu'un jugement pour cause de désertion aura été rendu par contumace ou contradictoirement, le chef du corps ou du détachement militaire auquel l'individu acquitté ou condamné appartient, au lieu d'en adresser lui-même directement au ministre de la guerre deux copies, ainsi que le prescrivoit l'article 58 de l'arrêté du 19 vendémiaire an 12, les fera parvenir au major, lorsque celui-ci commandera le dépôt général du corps, ou, en son absence, à celui qui le commandera.

10. Lorsque le jugement comprendra plusieurs individus, ce chef de corps ou de détachement enverra au major un nombre de copies égal à celui des individus jugés, en observant d'ajouter à ce nombre une copie pour tenir lieu de double expédition.

11. Lorsqu'un jugement portant condamnation, pour cause de désertion, aura été rendu contradictoirement, le chef du corps ou du détachement auquel appartient l'individu jugé, fera faire une copie de plus, pour, conformément à l'art. 80 de l'arrêté du 19 vendémiaire an 12, être remise de suite à la gendarmerie chargée de conduire le condamné à sa destination.

12. Ces copies devront être bien écrites et certifiées conformes à l'original par le commandant d'armes ou du lieu, si le jugement a été rendu dans l'intérieur de l'empire; et par un général de brigade, s'il a été rendu à l'armée.

13. Les chefs de chaque corps et détachement militaire examineront particulièrement, avant d'envoyer ou de remettre ces copies,

1°. Si les individus jugés y sont bien signalés;

2°. Si l'on y a indiqué le lieu de naissance de chacun d'eux, canton et département;

3°. Le lieu de leur domicile respectif au moment de leur entrée au service, canton et département;

4°. Le numéro de leur inscription sur le tableau général de la conscription de leur département;

5°. Le numéro sous lequel ils sont compris dans la liste formée en exécution de l'article 12 du décret du 8 fructidor an 13;

6°. Le numéro d'inscription sur le contrôle du corps;

7°. Le domicile de leurs père et mère, canton et département;

8°. Enfin, si l'on a indiqué le jugement par contumace qui auroit pu être rendu précédemment.

14. S'ils s'aperçoivent de quelque erreur ou omission, ils la répareront, en écrivant en marge de chaque copie les renseignemens convenables, dont ils certifieront l'exactitude par leur signature.

15. Dès que le major aura reçu les copies des jugemens, il fera faire une expédition du signalement de chaque condamné par contumace, et l'adressera, après l'avoir certifiée, au premier inspecteur-général de la gendarmerie. Ces signalemens seront rédigés suivant le modèle ci-joint n° 3 (1), en supprimant seulement la colonne où doit être inscrit le prononcé du jugement contradictoire.

16. Le 15 de chaque mois, le major me fera l'envoi des copies de tous les jugemens rendus dans le mois précédent contre des déserteurs; mais avant, il examinera si elles sont en nombre suffisant, si elles sont certifiées conformes par qui de droit, et si elles contiennent tous les renseignemens spécifiés dans le treizième paragraphe ci-dessus.

17. Il rectifiera lui-même, s'il le peut, de la manière ci-dessus indiquée, les erreurs ou omissions qu'il reconnoîtra dans ces copies.

____

(1) *Voir* la circulaire du 17 septembre 1810.

18. Si les vices de ces copies sont tels qu'il ne puisse les rectifier, ou s'il manque des renseignemens nécessaires pour opérer les rectifications, il renverra ces copies au chef du corps ou du détachement militaire qui les lui aura transmises, en lui indiquant les motifs du renvoi et les rectifications à faire.

19. Dans tous les cas, il ne devra m'envoyer aucune copie qui ne soit conforme aux dispositions ci-dessus prescrites, ou sans qu'il me fasse connoître les motifs qui ne l'auroient pas permis.

20. Je recommande particulièrement aux majors de ne point perdre de vue les hommes qui leur seront désignés comme étant entrés aux hôpitaux ; ils doivent veiller à ce qu'ils rejoignent dès que leur santé est rétablie, et à ce qu'ils ne puissent se soustraire impunément au service militaire : à cet effet, ils entretiendront une correspondance suivie avec les commissaires-ordonnateurs ou des guerres ayant la police de ces établissemens.

21. Si le major apprend, soit par les états des économes des hôpitaux civils ou militaires, soit par un inspecteur, sous-inspecteur aux revues ou par un commissaire des guerres, que quelqu'un de ces hommes se soit évadé de l'hôpital, ou qu'il en soit sorti pour rejoindre, et qu'il n'ait pas paru au corps dans le délai fixé par les réglemens, en raison de la longueur de la route, il portera plainte en désertion contre lui.

22. A cette plainte, il joindra, conformément à la circulaire de son altesse le ministre de la guerre, en date du 23 janvier 1806, un extrait de l'état fourni par l'économe, ou de la lettre de l'inspecteur, sous-inspecteur aux revues ou commissaire des guerres, certifié par le conseil d'administration du corps.

23. Au vu de ces pièces, et sur la déclaration de deux témoins attestant qu'ils connoissent le délinquant pour avoir fait partie du corps ; qu'ils l'ont

vu y faire le service, y recevoir le prêt, qu'il a été présent jusqu'à telle époque, et qu'il n'a pas reparu depuis, le conseil de guerre spécial rendra un jugement par contumace.

24. Si, malgré ses demandes réitérées aux commissaires-ordonnateurs ou des guerres, ayant la police des hôpitaux, le major ne peut parvenir à savoir ce que les hommes entrés dans ces établissemens sont devenus, il les fera rayer des contrôles, en se conformant toutefois aux dispositions du décret du 25 germinal an 13; ne les fera point juger comme déserteurs, mais il me les fera connoître au moyen du troisième état exigé ci-dessus , paragraphe 5 , et il enverra leurs signalemens, rédigés suivant le modèle n° 5 (1), au premier inspecteur-général de la gendarmerie, qui les fera rechercher.

25. Dans les corps où il n'y a pas de major, les dispositions qui leur sont prescrites par la présente, seront exécutées par le chef de chacun de ces corps.

26. Les chefs de corps remettront un exemplaire ou une copie de la présente instruction à chaque chef de détachement qui se séparera du corps.

Je vous recommande, Messieurs, de m'accuser la réception de la présente, et de ne rien négliger pour assurer l'exécution des mesures qui en sont l'objet.

---

(1) *Voir* la circulaire du 17 septembre 1810.

MODÈLE N° 1.

Plainte à M.   *commandant d'armes*
 de la place   *Division militaire*
 de l'intérieur (1).

Le soussigné colonel (2)   (*mettre*
le numéro du régiment) régiment de
(*désigner l'arme*) , a l'honneur de vous représenter que le nommé
fils de   et de
domiciliés à canton d département
d né le à canton d
département d domicilié , avant d'entrer
au service , à canton d département
d taille
cheveux sourcils
yeux front nez
bouche menton
visage teint
(*Marques particulières*).

(Désigner ici le grade de l'accusé, la compagnie, le bataillon ou escadron dont il fait partie ,
ainsi que le n° et l'arme du corps auquel il appartient.)

Entré au service le   (3)

---

(1) A l'armée, cette plainte doit toujours être adressée au général de brigade sous les ordres duquel se trouve le corps ou le
détachement dont fait partie l'accusé.

Dans les divisions militaires de l'intérieur, elle doit être adressée
au commandant d'armes de la place dans laquelle se trouve le
corps ou le détachement dont fait partie l'accusé; et, à défaut de
commandant d'armes, au commandant du lieu.

(2) Si celui qui porte plainte n'est pas colonel, il fera mention
du corps ou du détachement militaire dont il est chef.

(3) Si l'accusé est conscrit, il faut ajouter, *comme conscrit de
l'an*

Si l'accusé est enrôlé volontaire , on mettra, *comme enrôlé vo-*

Inscrit sur le contrôle du corps sous le n°

Sur le tableau général de la conscription du département d   sous le n°

Sur la liste formée en exécution de l'article 12 du décret du 8 fructidor an 13, sous le n°   (1)

A abandonné ses drapeaux (2) le

---

lontaire devant la municipalité d   canton d département d   le

Si l'accusé a été appelé au service par les lois antérieures à la conscription, où se bornera à mettre *entré au service le*

(1) Si l'accusé est enrôlé volontaire, ou s'il a été appelé au service avant la loi sur la conscription, on ne le signalera que sous le numéro d'inscription au contrôle du corps.

(2) Si l'accusé, étant enrôlé volontaire, est déserteur pour n'avoir pas rejoint dans le délai déterminé par la loi, au lieu de ces mots, *a abandonné ses drapeaux le   du mois d   an   à   heures du   et n'a plus reparu au corps depuis cette époque,* on mettra ceux-ci : *n'a pas paru au corps depuis l'époque de son enrôlement.*

Si l'accusé est déserteur pour avoir dépassé son congé et n'avoir pas rejoint dans le délai de faveur accordé par l'arrêté du 19 vendémiaire an 12, au lieu de ces mots : *a abandonné ses drapeaux,* il faudra mettre ceux-ci : *ayant obtenu un congé limité pour en jouir du   du mois d   de l'an   jusqu'au   du mois d suivant, en a dépassé la durée, et n'a pas rejoint dans le délai de faveur accordé par le titre IX de l'arrêté du 19 vendémiaire an 12.*

Si l'accusé est déserteur pour s'être évadé d'un hôpital, ou n'avoir pas rejoint après sa sortie dudit hôpital ; dans le premier cas, au lieu de ces mots : *a abandonné,* on mettra : *n'a pas rejoint à sa sortie de l'hôpital d   département d   le .* : dans le second cas, on mettra : *s'est évadé de l'hôpital d   département d le   ;* et dans l'un et l'autre cas, on ajoutera : *suivant la déclaration d* . (Faire mention de qui l'on tiendra les renseignemens sur la sortie ou l'évasion de l'hôpital, et joindre l'extrait de l'état de l'économe, ou de la lettre du commissaire-ordonnateur ou des guerres, de l'inspecteur ou sous-inspecteur aux revues).

4**

du mois d   an   à   heures du
(1)

et n'a plus reparu au corps depuis cette époque (2)

Les témoins de sa désertion sont (3) ,

1°.   (*Indiquer les noms , prénoms ,*
               grades et compagnies des té-
               moins).

2°.

3°.   (4)

Pourquoi il vous demande qu'il en soit informé , afin que ledit   (*rappeler les nom et pré- noms de l'accusé*) soit ensuite jugé conformément à l'arrêté du 19 vendémiaire an 12.

Il vous remet ci-jointes les deux copies de signa- lement dudit   (*nom de l'accusé*) , qu'il vous prie de viser et de transmettre à qui de droit.

Il vous demande en outre de lui donner un récé- pissé de la présente plainte et des signalemens , afin de l'annexer , ainsi qu'il est prescrit par l'article 23 du titre III de l'arrêté précité , au registre des délibérations du conseil d'administration , sur le- quel registre copie de ladite plainte sera inscrite sous vingt-quatre heures.

Fait à   le   du mois
d   an

(*Place de la signature de celui qui porte la plainte.*)

---

(1) Si la désertion est accompagnée de circonstances aggra- vantes , il faut les énoncer ici en détail.

(2) Si l'accusé avoit été reconduit au corps, ou s'il s'y étoit rendu volontairement, il faudroit s'exprimer ainsi qu'il suit : Après le mot *époque* , on ajouteroit : *jusqu'au*   *qu'il est rentré au corps, et est en ce moment détenu à*   (indiquer la prison).

(3) En général, les témoins doivent être des sous-officiers et des soldats de la compagnie de l'accusé, ou si l'accusé a déserté étant de garde, des sous-officiers et des soldats de cette même garde.

(4) On pourra entendre plus de deux témoins lorsque l'instruc- tion de l'affaire l'exigera.

(1) Régiment d   MODÈLE nº 2.

Feuille de signalement d'un déserteur.

NOMS ET PRÉNOMS.	SIGNALEMENT.	ENTRÉ AU SERVICE en qualité de	GRADE.	DATE de la désertion.	Observations.
	Fils d et d domiciliés à canton d département d né le à canton d département d domicilié, avant son entrée au service, à canton d département d taille cheveux sourcils yeux front nez bouche menton visage teint (marques particulières).	Conscrit (2) de l'an inscrit sur le contrôle du corps sous le nº Sur le tableau général du département sous le nº Sur la liste formée en exécution de l'art. 12 du décret du 8 fructidor an 13, sous le nº			

(1) Mettre le numéro du régiment; et si ce n'est pas un régiment, désigner le corps : dans l'un et l'autre cas , désigner l'arme.

(2) Si le déserteur est un remplaçant , il faut indiquer les nom et prénoms du remplacé , et l'année de la conscription à laquelle appartient ce dernier ; et s'il est enrôlé volontaire, ou s'il a été appelé au service par une loi antérieure à la conscription , il faut en faire mention.

Vu par nous , général de brigade, (ou commandant d'armes).

Certifié véritable par nous

Fait à   le du mois d   an

(1) RÉGIMENT d   MODÈLE n° 4.

*Etat des déserteurs reconduits ou rentrés volontai-
rement au corps pendant le mois d   an*

Observations.	
Prononcé du jugement.	
DATE DU JUGEMENT contradictoire.	
COMMENT rentré au corps.	Indiquer ici si c'est volontairement ou reconduit par la gendarmerie.
DATES { du retour au corps.	
du jugement par contumace.	
de la désertion.	
GRADE.	
ENTRÉ AU SERVICE comme	Il faut remplir la présente colonne ainsi que le prescrit le modèle numéro 2.
SIGNALEMENT.	Il faut remplir la présente colonne ainsi que le prescrit le modèle numéro 2.
NOMS ET PRÉNOMS des déserteurs.	
NUMÉRO D'ORDRE.	

(1) *Voir* la note au modèle n° 2.   *Certifié véritable par nous major.*
Fait à   le   du mois d   an

(1) RÉGIMENT d   MODÈLE nº 6.

Etat nominatif des sous-officiers et soldats qui, rayés des contrôles pour cause de longue absence, sont rentrés au corps pendant le mois d an

NUMÉRO D'ORDRE.	NOMS ET PRÉNOMS.	SIGNALEMENT.	ENTRÉ AU SERVICE comme	GRADE.	DATES de la radiation du contrôle.	DATES de la rentrée au corps.	COMMENT reconduit ou rentré.	DATE DU JUGEMENT.	PRONONCÉ du JUGEMENT.	Observations.
	Il faut remplir le modèle numéro 3.	Il faut remplir la présente colonne ainsi que le prescrit le modèle numéro 3.	Il faut remplir la présente colonne ainsi que le prescrit le modèle numéro 2.						Si l'individu rentré se justifioit de sa longue absence, il ne faudroit pas porter plainte en désertion contre lui, et par conséquent il n'y auroit aucune mention de jugement à faire dans cette colonne.	

(1) *Voir* la note au modèle nº 2.   *Certifié véritable par nous major.*
Fait à   le   du mois d   an

Avis *du conseil d'état, sur la remise de l'amende en faveur des déserteurs condamnés, et qui ont obtenu leur grace avant de l'avoir acquittée ; séance du 3 janvier 1807.*

DU 25 JANVIER 1807.

Le conseil d'état qui, d'après le renvoi ordonné par Sa Majesté, a entendu le rapport de la section de législation, sur celui du grand-juge ministre de la justice, duquel il résulte que Sa Majesté, en exécution de l'article 53 du décret du 19 vendémiaire an 12, ayant accordé, le 16 frimaire an 14, au camp d'Austerlitz, grace à trois cent quatre-vingt-six condamnés aux travaux publics, et ordonné leur incorporation dans divers régimens, la question se présente, si ceux qui ont payé l'amende de quinze cents francs doivent la recouvrer, et si ceux qui en sont encore débiteurs doivent en être déchargés ?

Est d'avis, sur la première partie de la question, que la grace ne sauroit emporter un effet rétroactif; elle fait cesser la peine, mais elle prend le condamné dans l'état où il est; elle ne lui rend point ce qu'il a perdu ou payé; elle ne doit point être onéreuse au trésor public, en le soumettant à des restitutions.

Quant à la seconde partie de la question, il est à considérer que si la grace n'a pas d'effet rétroactif, elle doit avoir un effet présent, qui fasse cesser toute peine et toute poursuite de la part de la partie publique;

Que si la grace ne remet pas les amendes acquises à des parties civiles, ou à des tiers auxquels elle tient lieu d'indemnité, il n'en est point ainsi à l'égard du prince, dont les graces, à moins qu'il ne les restreigne, sont de plein droit entières et absolues ;

Que l'amende de quinze cents francs étant destinée, par l'article 12 de la loi du 17 ventose an 8, à remplacer, par des enrôlemens volontaires, les déserteurs condamnés, les déserteurs qui ont obtenu leur grace, et qui sont incorporés pour huit ans dans la ligne, acquittent de leur personne cette destination ;

Que le non-recouvrement de l'amende, pendant leur détention, prouve qu'elle est d'une exécution difficile et peut-être impossible ; en sorte qu'en donnant à la grace toute l'étendue dont elle est susceptible, on fera cesser, d'une part, des poursuites vraisemblablement frustratoires, et, d'autre part, on ne distraira pas de leur devoir, par des inquiétudes sur leurs biens ou sur ceux de leurs parens, des soldats que Sa Majesté a jugés dignes, d'après leur meilleure conduite, de rentrer au service. Comme on les rappelle à l'inviolable fidélité qu'ils doivent a leurs drapeaux, il paroît convenable qu'ils y trouvent un entier oubli de leur faute ;

Par ces motifs,

Le conseil d'état est d'avis que la grace accordée, en exécution de l'article 53 du décret du 19 vendémiaire an 12, aux déserteurs condamnés, leur remet l'amende de quinze cents francs, si elle n'a pas été acquittée.

Pour extrait conforme :

Le secrétaire général du conseil d'état,

Signé J. G. Locré.

Approuvé, au camp impérial de Varsovie, le 27 janvier 1807.

Signé, NAPOLÉON.

Par l'Empereur, *le secrétaire d'état,*

Signé Hugues B. Maret.

Extrait *des minutes de la secrétairerie d'état.*

Au camp impérial de Preussich-Eylau,
le 16 février 1807.

Napoléon, Empereur des François et Roi d'Italie, sur le rapport de notre ministre de la guerre, avons décrété et décrétons ce qui suit :

Art. 1. Conformément à la loi du 19 fructidor an 6, sont considérés comme déserteurs les enrôlés volontaires et les conscrits de la réserve ou du dépôt, qui, ayant contracté l'engagement d'entrer dans l'armée active, ne se seront pas rendus, dans le délai qui leur aura été prescrit, au corps pour lequel ils étoient destinés ; en conséquence, ils seront jugés par le conseil de guerre spécial de ce corps, au vu de leur acte d'enrôlement ou de déclaration, certifié par le maire qui l'aura reçu, et punis des peines portées par l'arrêté du 19 vendémiaire an 12, contre la désertion.

2. Il est accordé un délai de trois mois, pour rejoindre leurs corps, aux hommes qui, antérieurement à la publication du présent décret, se sont enrôlés volontairement, ou qui, étant conscrits de la réserve ou du dépôt, ont contracté l'engagement de servir dans l'armée active, et n'ont pas encore rejoint.

3. A l'expiration de ce délai, ils seront jugés et punis conformément à l'article premier du présent décret.

4. Notre ministre de la guerre est chargé de l'exécution du présent décret.

Signé NAPOLÉON.

Par l'Empereur : *le secrétaire d'état,*

Signé Hugues B. Maret.

Paris, le 8 avril 1807.

Le directeur général, à MM. les généraux de brigade, commandans d'armes, chefs de corps, et majors de toutes armes.

Je vous transmets ci-joint, Messieurs, un exemplaire du décret rendu au camp impérial de Preussich-Eylau, le 16 février dernier (1), sur le mode de juger les enrôlés volontaires ou conscrits de la réserve ou du dépôt, qui, ayant contracté l'engagement d'entrer dans l'armée active, ne se sont pas rendus, dans le délai qui leur a été prescrit, au corps pour lequel ils étoient destinés.

Vous remarquerez que ce décret déroge aux dispositions de l'arrêté du 19 vendémiaire an 12, relatives à l'audition des témoins requis pour déposer du fait de désertion, et que, dans le cas particulier, le conseil de guerre spécial est tenu de juger les prévenus, au vu de leur acte d'enrôlement ou de déclaration, certifié par le maire qui l'aura reçu. En conséquence, après l'expiration des trois mois de grace accordés par ce décret, tout chef de dépôt ou de corps qui aura reçu, en exécution de ma circulaire du 27 novembre dernier, l'acte d'enrôlement volontaire ou la déclaration d'un conscrit de la réserve ou du dépôt, d'entrer dans l'armée active, certifié par le maire, devra, si cet homme n'est pas arrivé au corps dans le délai fixé par la même circulaire, le dénoncer, pour qu'il soit jugé comme déserteur, conformément à la loi du 19 fructidor an 6, à l'arrêté du 19 vendémiaire an 12, et au décret impérial du 16 février dernier ; il devra, pour

____

(1) *Voyez* ce décret à sa date.

le jugement, les signalemens et les états, se conformer à ma circulaire du 5 janvier dernier.

J'ai remarqué, messieurs, qu'il est très-difficile de faire conduire aux bataillons ou escadrons de guerre, des prévenus de désertion arrêtés dans l'intérieur de l'empire; que ceux d'entre eux que l'on reconduit au dépôt général de leurs corps, après avoir été jugés par *contumace* à l'armée, languissent dans les prisons, sans pouvoir être jugés contradictoirement, parce que la procédure n'existe point au dépôt, que les témoins à entendre sont éloignés, et qu'il est presque impossible de suppléer à leur absence par des séries de questions à répondre, surtout depuis l'établissement des conseils de guerre spéciaux, qui sont, ainsi que les capitaines-rapporteurs, renouvelés pour chaque affaire.

Pour remédier à ces inconvéniens, 1°. toutes les fois qu'un corps sera divisé en deux ou plusieurs parties, le chef de toute fraction de ce corps (autre que le dépôt général), dont il désertera un sous-officier ou soldat, rédigera, en double expédition, la plainte ordonnée par l'arrêté du 19 vendémiaire an 12, et ma circulaire du 5 janvier dernier;

2°. Dans ce cas, l'instruction et la procédure concernant un *contumax*, seront toujours rédigées en double expédition;

3°. Il sera envoyé, avec la copie du jugement exigée par l'article 9 de ma circulaire du 5 janvier 1807, l'un des doubles de la plainte et de la procedure, au major, ou, en son absence, à celui qui commandera le dépôt général du corps;

4°. Ces pièces resteront au dépôt général du corps, pour servir au jugement contradictoire de l'accusé, dès qu'il s'y sera présenté ou qu'il y aura été reconduit;

5°. Tout déserteur qui sera arrêté dans l'intérieur de l'Empire, sera reconduit au dépôt général de son corps;

6°. Tout déserteur qui sera pris hors des frontières, sera conduit au dépôt général de son corps, si, au moment de son arrestation, il se trouve plus près de ce dépôt que des bataillons ou escadrons de guerre ;

7°. S'il se trouve arrêté dans un endroit plus voisin des bataillons ou escadrons de guerre que du dépôt général, il sera conduit à ces bataillons ou escadrons ;

8°. Tout homme ainsi reconduit au dépôt général, devra être jugé de suite contradictoirement ;

9°. Conformément aux articles 31, 32 et 33 de l'arrêté du 19 vendémiaire an 12, le capitaine-rapporteur, pour procéder à l'information, se fera représenter la copie de la procédure qui aura été envoyée au dépôt au moment de la désertion de l'accusé. Si ce capitaine-rapporteur croit l'information terminée, le conseil de guerre spécial, convoqué en exécution de l'article 34 de l'arrêté précité, prononcera sur le sort de l'accusé ;

10°. Ce n'est que dans le cas où l'information ne paroîtroit pas terminée, qu'il y auroit lieu de recourir à la loi du 18 prairial an 2, relative au mode d'entendre les témoins absens ;

11°. Si l'accusé est reconduit aux bataillons ou escadrons de guerre, qu'il n'y ait point été jugé par *contumace*, et que les pièces ou les témoins se trouvent au dépôt, le chef de ces bataillons ou escadrons écrira de suite au dépôt, pour demander la première procédure, et m'en rendra compte,

12°. Tous les chefs de corps ou de dépôt où il existe maintenant des accusés de désertion dont la mise en jugement est retardée faute de témoins ou de renseignemens, en formeront un état nominatif, avec indication des témoins à entendre et des renseignemens à recueillir, et me l'adresseront, afin que je donne des ordres pour qu'il puisse être prononcé sur le sort de ces accusés.

Votre zèle et votre attachement à vos devoirs

m'assurent que vous vous empresserez, messieurs, d'exécuter, chacun en ce qui vous concerne, les dispositions comprises dans la présente, dont vous m'accuserez réception.

Extrait *des minutes de la secrétairerie d'état.*

Au camp impérial de Tilsitt, le 20 juin 1807.

Napoléon, Empereur des François et Roi d'Italie; sur le rapport de notre ministre de la guerre, notre conseil d'état entendu, nous avons décrété et décrétons ce qui suit :

Art. 1. Amnistie est accordée à tout sous-officier ou soldat en état de désertion, non jugé définitivement, qui, dans le délai de deux mois, à compter de la publication du présent décret, se présentera devant l'une des autorités désignées dans l'article 3, s'y déclarera coupable de désertion, réclamera son pardon, demandera une feuille de route pour rejoindre un corps, et y sera rendu dans le délai qui lui aura été fixé.

2. Amnistie est accordée également à tout sous-officier ou soldat en état de désertion, non jugé définitivement, et détenu, lors de la publication du présent décret.

3. Les individus désignés dans l'article premier pourront faire leur déclaration devant les autorités ci-après :

Savoir :

1°. Les généraux commandant les divisions ou les départemens;

2°. Les préfets ou sous-préfets;

3°. Les inspecteurs ou sous-inspecteurs aux revues;

(93)

4°. Les commissaires des guerres.

4. Celui de ces fonctionnaires qui aura reçu d'un sous-oficier ou soldat déserteur la déclaration prescrite par l'article premier, délivrera de suite une feuille de route au réclamant, le dirigera sur un des corps les plus voisins du lieu où cette déclaration aura été faite, en observant de ne faire entrer un militaire que dans l'arme d'où il sortoit; indiquera sur la feuille de route l'époque à laquelle l'amnistié devra être rendu à son nouveau corps, et exécutera les autres dispositions prescrites par l'article 7.

5. Tout individu compris dans l'article 2 du présent décret, sera de suite, s'il n'est détenu pour une autre cause que pour la désertion, remis à la disposition du commandant de la gendarmerie du lieu de sa détention.

S'il est détenu à son corps, il y rentrera comme recrue.

6. Le commandant de gendarmerie qui aura reçu un de ces déserteurs détenus, le dirigera sur l'un des corps les plus voisins du lieu de sa détention, en se conformant pour le surplus aux dispositions de l'article 4 du présent décret.

7. Celui des fonctionnaires désignés dans les articles 3 et 6 ci-dessus, qui aura dirigé un déserteur sur un corps, en donnera de suite avis au commandant de ce corps, lui transmettra le signalement du déserteur, fera connoître l'époque à laquelle il doit y arriver, et tiendra un contrôle de tous individus ainsi dirigés.

Ce contrôle fera mention des nom, prénoms, signalement de l'amnistié, de l'époque de sa désertion, de son lieu de naissance et de domicile, de l'arme et du corps où il servoit avant l'amnistie, de l'époque de sa désertion, de celle de sa condamnation, *si elle est connue;* enfin, du nom du corps sur lequel il a été dirigé, et de l'époque à laquelle il a dû y être rendu.

Le contrôle de ceux des hommes en état de désertion maintenant détenus à leurs corps, et qui y rentreront en exécution de l'article 5 du présent décret, sera formé par le major ou commandant du corps.

8. A l'expiration du délai prescrit par l'article premier, le contrôle à former, en exécution de l'article 7 ci-dessus, sera clos et arrêté ; et un double, signé du fonctionnaire qui l'aura formé, sera adressé au directeur-général des revues et de la conscription militaire.

9. Tout individu qui ne sera pas rendu à sa destination dans le délai fixé par sa feuille de route, sera, huit jours après l'expiration de ce délai, dénoncé comme prévenu de désertion avec récidive, par le chef de son nouveau corps, qui joindra, à l'appui de la plainte, la lettre d'avis et le signalement à lui transmis, d'après l'article 7 du présent décret.

Le conseil de guerre spécial jugera, au vu de ces pièces, et condamnera le coupable à la peine du boulet, conformément à l'article 69 de l'arrêté du 19 vendémiaire an 12.

10. Les hommes entrés dans un corps, par suite du présent décret, seront, s'ils en désertent, jugés comme déserteurs avec récidive, et punis comme tels.

11. A l'expiration du troisième mois qui suivra la publication du présent décret, les chefs des corps sur lesquels les hommes susceptibles d'être amnistiés auront été dirigés en exécution des articles 4 et 6, ou dans lesquels ils seront rentrés en exécution de l'article 5, formeront les deux états ci-après ordonnés, et les adresseront au directeur-général des revues et de la conscription militaire.

Le premier comprendra ceux de ces hommes présens au régiment ;

Le second , ceux qui auroient négligé de s'y rendre, ou qui auroient déserté depuis leur rentrée.

L'un et l'autre indiqueront l'autorité qui avoit dirigé le militaire sur ce corps, ou s'il y est rentré parce qu'il étoit détenu à ce corps au moment de l'amnistie.

12. Au reçu des états et des contrôles mentionnés dans les articles 7 et 11 du présent décret, le directeur-général des revues et de la conscription militaire, fera rayer les hommes y compris du contrôle général de la désertion tenu dans ses bureaux ; il fera cesser les poursuites résultant du premier jugement prononcé contre eux : mais en exécution du nouveau jugement qui aura dû être rendu conformément à l'article 9 du présent décret, il fera poursuivre et rechercher ceux des amnistiés qui n'auroient pas rejoint après leur déclaration , ou qui auroient déserté depuis , et informera de ces dispositions les chefs de leurs anciens corps.

13. L'arrêté du premier frimaire an 12 , ayant accordé amnistie entière et absolue aux conscrits de l'an 7 et années antérieures , alors en état de désertion, ceux de ces hommes qui n'ont pas rejoint un corps depuis l'époque de cet arrêté , seront dispensés de toute déclaration ; ceux qui ont rejoint depuis, et qui sont actuellement en état de désertion , sont soumis aux dispositions du présent décret.

14. Notre ministre de la guerre est chargé de l'exécution du présent décret.

Signé NAPOLÉON.

Par l'Empereur , le secrétaire d'état,

Signé Hugues B. Maret.

Paris, le 18 août 1807.

Le directeur général, à MM. les chefs des corps de toutes armes.

Les états nominatifs de déserteurs que les corps m'adressent, monsieur, le 15 de chaque mois, en exécution de l'article 6 de ma circulaire du 5 janvier dernier, et conformément au modèle n° 3 qui y est joint, ne contiennent pas, relativement aux remplaçans, tous les renseignemens dont j'ai besoin pour astreindre, lorsqu'il y a lieu, les remplacés à fournir de nouveaux remplaçans ou à marcher en personne, et pour m'assurer que les remplaçans déserteurs sont condamnés à la peine portée dans les articles 52 du décret du 8 nivose an 13, et 58 de celui du 8 fructidor suivant, ainsi conçus :

Article 52 du décret du 8 nivose an 13. *Les suppléans qui ne rejoindront pas, ou qui déserteront après avoir rejoint, seront dénoncés par le colonel du corps pour lequel ils étoient destinés ou dont ils faisoient partie, au conseil de guerre spécial, et condamnés par ledit conseil à cinq ans de la peine du boulet.*

Article 58 du décret du 8 fructidor an 13. *Les suppléans qui ne rejoindront pas, ou qui déserteront après avoir rejoint, seront dénoncés par le commandant du corps pour lequel ils étoient destinés ou dont ils faisoient partie, pour être traduits devant un conseil de guerre spécial, et condamnés, par ledit conseil, à cinq ans de la peine du boulet, sans que leurs père et mère soient solidaires de l'amende qui fera partie de la condamnation.*

D'après ces motifs, je me suis déterminé à faire former pour les remplaçans qui ont déserté, soit en rejoignant le corps, soit après l'avoir rejoint,

un état conforme au modèle ci-annexé. Il me sera
adressé le 15 de chaque mois, en même temps que
l'état n° 3 (1), sur lequel ne figureront plus les remplaçans déserteurs; vous m'en enverrez deux expéditions.

Les contrôles de signalement qui vous ont été
adressés, à compter de la levée de 1806, rendront
facile la formation de l'état que je demande, lorsqu'il s'agira de me faire connoître la désertion d'un
suppléant admis dans les départemens. Les registres-
matricules doivent d'ailleurs contenir à cet égard,
comme à l'égard des remplaçans admis dans les
corps d'après mon autorisation, tous les éclaircis-
semens nécessaires.

Dans le cas où vous ne trouveriez ni sur les
contrôles de signalement, ni sur les registres-ma-
tricules, les renseignemens que cet état doit contenir, vous pourriez vous les procurer, en interro-
geant les militaires qui auroient connu le remplaçant
déserteur. Vous sentirez que la responsabilité des
remplacés deviendroit illusoire, si les corps ne me
mettoient pas à portée de les forcer à remplir les
obligations que la loi leur impose.

Vous voudrez bien, monsieur, prendre les mesures convenables pour que les conseils de guerre
spéciaux qui auront à prononcer sur la désertion
des remplaçans, soient informés des dispositions
pénales portées par les décrets précités contre ces
déserteurs; veiller à ce que les états, qui devront
m'être adressés, soient entièrement conformes au
modèle ci-joint, et m'accuser la réception de la
présente.

Signé J. G. LACUÉE.

---

(1) *Voir* la circulaire du 17 septembre 1810.

ETAT des remplaçans qui ont déserté de ce corps pendant le mois d

| NUMÉRO D'ORDRE. | NUMÉRO du contrôle de signalement; lettre sous laquelle le contrôle est coté. | NOM ET PRÉNOMS du déserteur. | SIGNALEMENT. | DATE de l'entrée au service. | GRADES. | NOM ET PRÉNOMS du remplacé, année de conscription, commune, canton, département. | DATE du remplacement. | INDICATION de l'autorité qui l'a reçu. | DATES | | PRONONCÉ DU JUGEMENT | | Observations. |
									de la désertion.	du jugement.	par contumace.	contradictoire.	
				Nota. Si le remplaçant a déserté en route, on en fera mention ici.									

DÉCRET IMPÉRIAL *portant que nul canon-nier-garde-côtes sédentaire ne peut, sous prétexte de changement de domicile, se soustraire à son service.*

Au palais des Tuileries, le 11 janvier 1808.

NAPOLÉON, Empereur des François, Roi d'Italie, et Protecteur de la confédération du Rhin ;

Sur le rapport de notre ministre de la guerre,

Nous avons décrété et décrétons ce qui suit :

Art. 1. Nul canonnier-garde-côtes sédentaire ne pourra, sous prétexte de changement de domicile, se soustraire au service qu'il est tenu de faire en exécution de l'arrêté du gouvernement, en date du 8 prairial an 11, à moins que le maire de la commune où sa compagnie est établie, après avoir obtenu l'agrément du commandant d'armes, ne l'y ait formellement autorisé, et n'ait pourvu à son remplacement.

2. Tout canonnier-garde-côtes sédentaire qui contreviendra aux dispositions ci-dessus, sera réputé déserteur, et jugé conformément à l'arrêté du 19 vendémiaire an 12.

3. Notre grand juge ministre de la justice et notre ministre de la guerre sont chargés, chacun en ce qui le concerne, de l'exécution du présent décret.

Signé NAPOLÉON.

Par l'Empereur : *le secrétaire d'état,*

Signé HUGUES B. MARET.

DÉCRET IMPÉRIAL *concernant les condamnés aux travaux publics ou au boulet qui, ayant obtenu leur grace, ne se rendroient pas à leur destination.*

Au palais impérial des Tuileries, le 7 mars 1808.

Art. 1. Tout condamné aux travaux publics qui, après avoir subi sa peine ou obtenu sa grace, et tout condamné au boulet qui, après avoir obtenu sa grace, ne se seroit pas rendu à sa destination huit jours après l'époque qui lui aura été prescrite, sera, conformément à notre décret du 16 février 1807, traduit à un conseil de guerre spécial, jugé au vu des pièces mentionnées aux articles 3 et 4 du présent décret, et condamné au boulet comme déserteur avec récidive, conformément à l'article 69 de l'arrêté du 19 vendémiaire an 12.

2. La durée de la peine du boulet sera augmentée de deux ans pour celui qui avoit été condamné à la même peine, dans les cas prévus par l'article 70 de l'arrêté précité.

3. Le chef d'atelier chargé de diriger sur un corps des condamnés qui auroient obtenu leur grace ou qui auroient subi leur peine, formera un double état indiquant les signalemens de ces hommes ; il adressera l'un de ces doubles au chef du corps, et l'autre au directeur-général des revues et de la conscription, en y indiquant l'époque de leur départ et celle présumée de leur arrivée au corps.

Dans le cas où le condamné qui auroit obtenu sa grace ne feroit pas partie d'un atelier, le commissaire des guerres chargé de lui délivrer une feuille de route, formera en double l'état indiqué ci-dessus, et en fera l'envoi.

4. Si l'un de ces hommes est forcé d'entrer à

l'hôpital, le commissaire des guerres chargé de la police de cet hôpital en rendra compte de suite au chef du corps sur lequel l'homme étoit dirigé ; et dès que cet homme pourra supporter la route, le commissaire des guerres donnera avis de son départ au chef du corps et au directeur-général des revues et de la conscription „en indiquant la nouvelle époque présumée de l'arrivée au corps.

Tout chef du corps auquel un des hommes désignés aux articles 3 et 4, ne se sera point rendu dans le délai qui lui aura été fixé, le dénoncera, conformément à l'article 23 de l'arrêté du 19 vendémiaire an 12, pour qu'il soit jugé par un conseil de guerre spécial, et joindra à la plainte les pièces indiquées par les articles 3 et 4 du présent décret.

6. Notre ministre de la guerre est chargé de l'exécution du présent décret.

Décret impérial *relatif à l'établissement de nouveaux dépôts de conscrits réfractaires.*

Au palais de Bayonne, le 8 juin 1808.

Napoléon, Empereur des François, Roi d'Italie, et Protecteur de la confédération du Rhin ;

Nous avons décrété et décrétons ce qui suit :

Art. 1. Le nombre des dépôts de réfractaires, fixés à onze par l'arrêté du 19 vendémiaire an 12, est réduit à huit.

2. Ces dépôts seront établis :
Le 1er à Flessingue,
Le 2e à Cherbourg.
Le 3e au château de Nantes,
Le 4e à Saint-Martin-de-Ré,
Le 5e à Bordeaux,
Le 6e à Bayonne,

Le 7ᵉ au fort Lamalgue,
Le 8ᵉ à Gênes.

3. La circonscription des dépôts sera conforme au tableau annexé au présent décret.

4. Les conscrits réfractaires seront conduits au dépôt auquel est affecté le département où ils auront été arrêtés.

5. Tous les réfractaires arrêtés dans chaque département, pendant le cours d'un mois, seront réunis en un seul détachement, qui sera conduit au dépôt sous l'escorte de la gendarmerie : au besoin, la gendarmerie sera assistée par des militaires tirés des compagnies de réserve. Le détachement du département le plus éloigné du dépôt, se réunira, à jour fixe, à celui du département situé le premier sur sa route : calui-ci se réunira de même au détachement d'un troisième département, et ainsi de suite, de manière que les détachemens de tous les départemens, sur chacune des lignes qui aboutissent au même dépôt, y arrivent ensemble. En conséquence, notre ministre d'état directeur-général des revues et de la conscription militaire fixera les jours de départ et d'arrivée, ainsi que l'itinéraire des divers détachemens.

6. Les réfractaires conduits au fort Lamalgue et à Gênes, seront successivement embarqués et dirigés sur Saint-Florent, et de là envoyés à Bastia où ils seront formés en un bataillon de six cents hommes qui sera employé à la défense de l'île. Lorsqu'ils auront été admis dans ce bataillon, ils seront traités comme les militaires servant dans l'infanterie.

7. Les réfractaires des dépôts de Bayonne, Bordeaux, Saint-Martin-de-Ré, Nantes et Cherbourg, seront à la disposition de notre ministre de la marine, pour être embarqués pour recruter les 82ᵉ, 66ᵉ et 26ᵉ de ligne. Il y en aura toujours un détachement prêt à partir dans chacun de ces dépôts.

8. La destination à donner aux réfractaires du dépôt de Flessingue, sera ultérieurement fixée.

9. L'arrêté du 19 vendémiaire an 12, est maintenu en tout ce qui n'est pas contraire aux présentes dispositions.

10. Nos ministres de la guerre et de l'administration de la guerre sont chargés de l'exécution du présent décret.

Signé NAPOLÉON.

Par l'Empereur, *le ministre secrétaire d'état,*

Signé HUGUES B. MARET.

Circonscription des nouveaux Dépôts de conscrits réfractaires, établis par le décret du 8 juin 1808.

1. DÉPÔT DE FLESSINGUE.

Noms des départemens qui leur fourniront des conscrits réfractaires.

Ardennes, Dyle, Escaut, Forêts, Jemmape, Lys, Meurthe, Meuse, Meuse inférieure, Mont-Tonnerre, Moselle, Nèthes (Deux), Nord, Ourthe, Pas-de-Calais, Rhin (Bas), Rhin (Haut), Rhin et Moselle, Roër, Sambre et Meuse, Sarre, Vosges.

2. DÉPÔT DE CHERBOURG.

Aisne, Aube, Calvados, Eure, Eure et Loir, Manche, Marne, Marne (Haute), Oise, Orne, Seine, Seine et Marne, Seine et Oise, Seine inférieure, Somme.

3. DÉPÔT DE NANTES.

Cher, Côtes-du-Nord, Finistère, Ille et Vilaine, Indre, Indre et Loire, Loir et Cher, Loire inférieure, Loiret, Maine et Loire, Mayenne, Morbihan, Nièvre, Sarthe, Yonne.

4. DÉPÔT DE SAINT-MARTIN-DE-RÉ.

Allier, Charente, Charente inférieure, Creuse, Sèvres (Deux), Vendée, Vienne, Vienne (Haute).

5. DÉPÔT DE BORDEAUX.

Ardèche, Aveyron, Cantal, Corrèze, Dordogne, Gironde, Loire, Loire (Haute), Lot, Lot et Garonne, Lozère, Puy-de-Dôme, Rhône.

6. DÉPÔT DE BAYONNE.

Arriége, Aude, Garonne (Haute), Gers, Hérault, Landes, Pyrénées (Basses), Pyrénées (Hautes), Pyrénées orientales, Tarn.

7. DÉPÔT DU FORT LAMALGUE.

Ain, Alpes (Basses), Alpes (Hautes), Alpes maritimes, Bouches-du-Rhône, Côte-d'Or, Doubs, Drôme, Gard, Golo, Isère, Jura, Léman, Liamone, Mont-Blanc, Saône (Haute), Saône et Loire, Var, Vaucluse,

8. DÉPÔT DE GÊNES.

Apennins, Arno, Doire, Elbe (Ile d'), Gênes, Marengo, Méditerranée, Montenotte, Ombrone, Pô, Sesia, Stura, Taro.

Certifié conforme :

Le ministre-secrétaire d'état,
Signé, HUGUES B. MARET.

NOTA. Le département de Tarn-et-Garonne enverra ses réfractaires au dépôt de Blaye, qui remplace Bordeaux et Bayonne.

Décret impérial *relatif à l'établissement de nouveaux dépôts de conscrits réfractaires.*

Au palais des Tuileries, le 28 octobre 1808.

Napoléon, Empereur des François, Roi d'Italie, Protecteur de la confédération du Rhin ;

Nous avons décrété et décrétons ce qui suit :

Art. 1. Le nombre des dépôts de réfractaires, fixé à huit par le décret du 8 juin 1808, est réduit à sept.

2. Le dépôt établi à Flessingue par ce décret sera transféré au fort Lillo.

3. Le dépôt établi à Nantes, sera transféré à Port-Louis.

4. Les deux dépôts de Bordeaux et de Bayonne seront réunis à Blaye.

5. Les autres dépôts sont maintenus à Cherbourg, à Saint-Martin-de-Ré, au fort Lamalgue et à Gênes.

6. Les départemens compris dans la circonscription annexée au décret du 8 juin, comme devant envoyer les conscrits réfractaires à Flessingue, les enverront au fort Lillo ; ceux qui devoient les faire conduire à Nantes, les dirigeront sur Port-Louis ; et ceux qui devoient les diriger sur Bayonne et Bordeaux, les enverront à Blaye.

7. Les dispositions de l'article 7 du décret du 8 juin, relatives aux dépôts de Nantes, de Bordeaux et de Bayonne, sont applicables à ceux de Port-Louis et de Blaye qui les remplacent.

8. Les dispositions de l'article 8 du même décret, relatives aux réfractaires du dépôt de Flessingue, s'appliquent également à ceux qui sont détenus au fort Lillo.

9. Les autres dispositions du décret du 8 juin sont maintenues.

10. Nos ministres de la guerre et de l'administration de la guerre sont chargés de l'exécution du présent décret.

Signé NAPOLÉON.

Par l'Empereur, *le ministre secrétaire d'état*,

Signé HUGUES B. MARET.

EXTRAIT *des minutes de la secrétairerie d'état.*

Au quartier impérial de Valladolid, le 15 janvier 1809.

NAPOLÉON, Empereur des François, Roi d'Italie, et Protecteur de la confédération du Rhin ;

Sur le rapport de notre ministre de la guerre ;

Notre conseil d'état entendu ,

Nous avons décrété et décrétons ce qui suit :

Art. 1. Tout sous-officier et soldat accusé de désertion, dont le corps ne seroit pas positivement connu, ou dont le dépôt seroit hors de France, sera, s'il est arrêté en France, conduit au dépôt des réfractaires.

2. Ces hommes seront traités et employés comme les réfractaires ; et si on parvient à découvrir qu'ils aient été condamnés par contumace pour désertion, ils seront jugés contradictoirement au dépôt des réfractaires, ou au corps sur lequel ils auroient été dirigés en sortant de ce dépôt : à cet effet, le conseil de guerre spécial réclamera la procédure à leur ancien corps, et prononcera au vu des pièces, conformément à nos décrets des 16 février 1807, et 7 mars 1808.

3. Notre ministre de la guerre est chargé de l'exécution du présent décret.

Signé NAPOLÉON.

Par l'Empereur, *le ministre secrétaire d'état*,

Signé HUGUES B. MARET.

Décret impérial *relatif au jugement des conscrits réfractaires.*

Au palais des Tuileries, le 28 février 1809.

NAPOLÉON, Empereur des François, Roi d'Italie, et Protecteur de la confédération du Rhin ;

Sur le rapport de notre ministre de la guerre :

Notre conseil d'état entendu ,

Nous avons décrété et décrétons ce qui suit :

Art. 1.Tout homme arrêté comme réfractaire, qui, après avoir été conduit au chef-lieu du département en exécution de notre decret du 8 juin 1808, y aura été reconnu réfractaire et annoté comme tel par le préfet, sera jugé et condamné comme déserteur, conformément à l'arrêté du 19 vendémiaire an 12 , s'il s'évade de ce dépôt ou de l'hôpital où il aura été laissé, ou s'il abandonne le convoi périodique dont il faisoit partie.

2. Le commandant du dépôt de conscrits établi en exécution de notre décret du 8 juin 1808, à la réception des procès-verbaux d'évasion , ou du contrôle signalétique, constatant l'absence non autorisée du conscrit réfractaire, portera plainte en désertion au commandant d'armes , contre le conscrit évadé.

3. Au vu de la plainte et des pièces indiquées en l'article 2 du présent décret, le conseil de guerre spécial sera convoqué pour juger l'accusé, soit par *contumace* , soit contradictoirement , et il prononcera contre le délinquant, les peines encourues par les conscrits réfractaires, en exécution de l'article 16 de l'arrêté du 19 vendémiaire an 12.

4. Tout réfractaire mentionné en l'article 1er , qui avant le départ du convoi périodique dont il devoit faire partie , rejoindra volontairement le dépôt du chef-lieu de département où il avoit été

conduit, ne sera puni, en arrivant au dépôt général, que d'un mois de prison. Celui qui n'aura rejoint qu'après le départ du détachement, ou qui
aura été arrêté après son évasion, sera toujours
déposé à la prison pendant la route, et jugé contradictoirement au dépôt, conformément à l'article 3
du présent décret.

5. Notre ministre de la guerre est chargé de l'exécution du présent decret.

Signé NAPOLÉON.

Par l'Empereur, *le ministre secrétaire d'état,*

Signé Hugues B. Maret.

Décret impérial *qui accorde amnistie à
tous les déserteurs des troupes de terre
et de mer.*

Au palais de Compiègne, le 25 mars 1810.

Napoléon, Empereur des François, Roi d'Italie,
Protecteur de la confédération du Rhin, Médiateur
de la confédération Suisse, etc.

Voulant marquer l'époque de notre mariage par
des actes d'indulgence et de bienfaisance ;

Notre conseil d'état entendu,

Nous avons décrété et décrétons ce qui suit :

TITRE V.

Amnistie.

Art. 8. Amnistie est accordée à tous sous-officiers et soldats de nos troupes de terre et de mer, et
à tous gens de mer qui étoient en état de désertion,
soit qu'ils aient été condamnés ou non, à l'époque
de la date du présent décret.

9. L'amnistie sera entière et absolue pour les

déserteurs dont la désertion aura eu lieu avant le premier janvier 1806. ——

10. Les individus dont la désertion est postérieure au 1er janvier 1806, seront tenus de rentrer dans les corps de l'armée.

11. Ceux des déserteurs qui ont été condamnés, et qui seroient actuellement détenus dans les ateliers ou dans les prisons civiles et militaires, seront conduits par la gendarmerie aux corps qui seront désignés par notre ministre de la guerre.

12. Tout déserteur condamné ou non condamné, mais non détenu, devra, pour jouir du bienfait de l'amnistie, se présenter, au plus tard, dans le délai de deux mois, à dater de sa publication, soit à l'inspecteur ou sous-inspecteur aux revues, soit au commissaire des guerres, soit au préfet ou au sous-préfet de l'arrondissement, pour faire sa déclaration de repentir, et de demande de service.

Il lui sera délivré, sans délai, une feuille de route pour se rendre et être incorporé dans le corps de son arme le plus voisin du lieu où il aura fait sa déclaration.

13. L'amnistie sera entière et absolue pour les déserteurs des troupes de la marine et les gens de mer dont la désertion sera antérieure au 1er janvier 1806. Ceux dont la désertion sera postérieure au 1er janvier 1806, seront tenus de reprendre du service : ils devront, s'ils sont sur le territoire européen de l'Empire, se présenter dans le délai de deux mois, soit aux commissaires de l'inscription maritime, soit aux autres officiers civils et militaires désignés par l'article 12 ci-dessus ; ils feront la déclaration prescrite par le même article : ils seront dirigés sur le corps ou le port le plus voisin, d'après les besoins du service, ou bien ils recevront un congé provisoire et limité.

On suivra, pour les déserteurs de terre et de mer qui sont hors du territoire européen de l'Empire, les dispositions de l'article 4 de notre décret du 12 août 1807 (1).

14. Tout déserteur arrivant au corps qui lui aura été assigné, recevra son acte de rémission en passant sous les aigles : il prêtera, immédiatement après, le serment prescrit par le sénatus-consulte du 18 mai 1804.

15. Rémission entière et absolue est accordée à tout réfractaire des classes antérieures à 1806; et il ne sera exercé aucune poursuite pour le recouvrement de ce qui pourroit être encore dû sur les amendes dont les parens sont civilement responsables.

16. Les réfractaires des classes de 1806, 1807, 1808, 1809 et 1810, sont aussi amnistiés, mais à la condition de servir.

17. Les réfractaires amnistiés des cinq classes ci-dessus seront tenus de se présenter dans le délai de trois mois, à dater de la publication du présent décret, devant le préfet ou devant un sous-préfet du département où ils se trouveront.

18. Les réfractaires amnistiés, désignés dans l'article ci-dessus, auront la faculté de choisir le corps de l'armée dans lequel ils desireront servir; et pourvu qu'ils réunissent les qualités physiques nécessaires, ils recevront immédiatement des feuilles de route pour s'y rendre.

19. Les préfets et sous-préfets pourront destiner,

---

(1) Article 4 du décret du 12 août 1807 :

« Le délai accordé aux sous-officiers et soldats de nos troupes
» de marine, aux ouvriers militaires et gens de mer qui sont
» hors du territoire européen de l'Empire, pour se rendre dans
» un de nos ports, est fixé à six mois pour ceux qui se trouvent
» en Europe; à un an pour ceux qui sont en Amérique, ou dans
» les pays hors de l'Europe qui tiennent à la Méditerranée et à
» l'Océan, jusqu'au Cap de Bonne-Espérance; et à dix-huit mois
» pour ceux qui ont passé au-delà du Cap de Bonne-Espérance
» et en Asie ».

pour servir dans les troupes ci-après désignées le nombre de conscrits amnistiés qui seroient nécessaires pour le complément desdites troupes;

SAVOIR:

Pour
{
Les Basses Pyrénées. .
Les Landes. . . . . . .
La Gironde. . . . . . .
Lot-et-Garonne. . . . .
Tarn-et-Garonne. . . .
Gers. . . . .
Pyrénées (Hautes). . .
Garonne (Haute). . .
L'Arriége. . . . .
Les Pyrénées-Orientales.
L'Aude. . . . .
}
Dans les bataillons des chasseurs des montagnes.

Pour les départemens maritimes. } Dans les compagnies de canonniers gardes-côtes.

Pour les sept départemens de la première division militaire. . . } Dans la garde municipale de Paris.

Pour les départemens des Deux-Nèthes, de la Lys et de l'Escaut. . . . . } Dans la cohorte dite *de l'Escaut*.

Pour tous les départemens de l'Empire. . . . . } Dans les compagnies de réserve.

20. Il ne sera plus exercé aucune poursuite pour le recouvrement de ce qui pourroit être dû sur les amendes et frais dont les parens sont civilement responsables pour les réfractaires antérieurs à 1806, dont il est parlé à l'article 15 : ces poursuites cesseront à l'instant.

Les poursuites exercées contre les parens des réfractaires dont il est question à l'article 16, seront seulement suspendues pendant le délai accordé aux réfractaires pour se représenter : elles seront reprises aussitôt après l'expiration du délai, si les conscrits réfractaires ne se sont pas représentés, et si les parens n'en justifient.

21. Les dispositions du présent décret ne seront, en aucun cas, applicables à un délit postérieur au 30 mars.

22. Les déserteurs admis à reprendre du service, qui, après s'être volontairement représentés, ne rejoindront pas les drapeaux, seront punis comme coupables de désertion par récidive.

Les réfractaires qui, après s'être volontairement représentés, ne se rendront pas à leur destination, seront condamnés comme déserteurs.

23. Nos ministres sont chargés, chacun en ce qui le concerne, de l'exécution du présent décret, qui sera inséré au Bulletin des lois.

Signé, NAPOLÉON.

Par l'Empereur, le ministre secrétaire d'état,

Signé H. B. Duc de Bassano.

DÉCRET IMPÉRIAL rendu en interprétation de celui du 25 mars dernier, portant amnistie à tous sous-officiers et soldats des troupes de terre et de mer, et à tous gens de mer en état de désertion, ainsi qu'à tous conscrits réfractaires.

Au palais de Saint-Cloud, le 30 juin 1810.

Napoléon, Empereur des François, Roi d'Italie et Protecteur de la confédération du Rhin ;

Des difficultés se sont élevées sur l'application de notre décret du 25 mars dernier, portant amnistie à tous sous-officiers et soldats de nos troupes de terre et de mer, et à tous gens de mer en état *de désertion*, ainsi qu'à tous conscrits réfractaires ; nous avons pensé qu'il étoit nécessaire de prévenir, par une explication, l'abus qu'on pourroit faire d'un acte d'indulgence en l'étendant à des per--sonnes et à des délits qu'il n'a pas été dans notre intention d'y comprendre.

A ces causes,

Sur le rapport de notre grand-juge, ministre de la justice ;

Notre conseil d'état entendu,

Nous avons décrété et décrétons ce qui suit :

Art. 1. L'amnistie accordée par notre décret du 25 mars dernier aux sous-officiers et soldats de nos troupes de terre et de mer, et à tous gens de mer en état de désertion, ainsi qu'aux conscrits réfractaires, n'est pas applicable à leurs fauteurs et complices dans le cas d'attaque, résistance ou assistance donnée contre la force armée, ni en cas de fabrication ou d'altération de passeports, certificats d'infirmités, de service, de remplacement, d'obéissance aux lois de la conscription, et autres pièces publiques ou privées.

2. Nos ministres sont chargés, chacun en ce qui le concerne, de l'exécution du présent décret, qui sera inséré au Bulletin des lois.

Signé, NAPOLÉON.

Par l'Empereur, *le ministre secrétaire d'état*,

Signé H. B. Duc de Bassano.

Décret impérial *portant que l'amnistie du 25 mars dernier est applicable aux militaires hollandois qui auroient déserté avant le 9 juillet de la présente année.*

Au palais de Trianon, le 9 août 1810.

Napoléon, Empereur des François, Roi d'Italie, Protecteur de la confédération du Rhin, Médiateur de la confédération Suisse :

Sur le rapport de notre ministre de la guerre :

Nous avons décrété et décrétons ce qui suit :

Art. 1. L'amnistie du 25 mars dernier est applicable aux militaires des troupes hollandoises, qui auroient déserté antérieurement au 9 juillet de la présente année, époque de la réunion de la Hollande à la France, à la charge par eux de se présenter dans le délai de deux mois, à dater de la publication du présent décret, soit aux autorités civiles, soit aux autorités militaires de l'arrondissement où ils pourront se trouver, pour faire leur déclaration de repentir et de demande de service.

2. Notre ministre de la guerre est chargé de l'exécution du présent décret.

Signé, NAPOLÉON.

Par l'Empereur, *le ministre secrétaire d'état*,

Signé H. B. Duc de Bassano.

Le conseiller d'état directeur-général des revues et de la conscription, à MM. les généraux de division, généraux de brigade, commandans d'armes, colonels, majors, chefs de corps de toutes armes.

Paris, le 17 septembre 1810.

Son Exc. le ministre de la guerre, par sa circulaire du 23 janvier 1806, et mon prédécesseur, par celle du 5 janvier 1807, en appelant, Messieurs, l'attention particulière des chefs des corps sur les hommes qui entrent dans les hôpitaux, ont indiqué les moyens de surveillance nécessaires afin qu'aucun de ces hommes ne pût se soustraire impunément au service militaire, et qu'on poursuivît, comme déserteurs, ceux d'entre eux dont le délit seroit constaté, soit pour s'être évadés de l'hôpital, soit pour n'avoir pas rejoint leurs corps en sortant de cet établissement. En vous recommandant la stricte exécution des dispositions prescrites par ces circulaires, je dois aussi vous entretenir d'une certaine classe d'hommes à l'égard desquels il n'a encore été rien statué jusqu'à présent : ce sont ceux qui, après un jour de bataille, dans des marches longues et forcées, ou dans un pays ennemi ou infesté de brigands, ont disparu, sans qu'on puisse savoir ce qu'ils sont devenus.

Quelques corps, assimilant ces hommes à ceux entrés dans les hôpitaux, et sur lesquels on n'a pu obtenir aucune nouvelle, se bornent à les rayer des contrôles pour cause de longue absence, après les six mois prescrits par les réglemens, et ne les signalent qu'à cette époque.

D'autres, les considérant comme déserteurs, les font juger par contumace. Ces deux mesures opposées présentent des inconvéniens qu'il est important d'éviter. La première ne place pas assez promptement sous la surveillance de l'autorité locale les lâches qui, profitant des mouvemens rapides de l'armée, parviennent à se soustraire au service militaire ; la seconde porte avec elle le caractère de l'injustice, parce qu'elle peut mettre sous le poids d'une condamnation, des hommes qui sont morts en défendant l'Etat, ou qui sont prisonniers de guerre, ou retenus par toute autre circonstance indépendante de leur volonté : d'ailleurs ce dernier moyen, outre ce qu'il a de vexatoire contre des militaires fidèles aux lois de l'honneur, et contre leurs familles dont il trouble le repos et la tranquillité, multiplie le nombre des jugemens par contumace et en affoiblit l'effet moral, en ce qu'il oblige à acquitter contradictoirement des hommes qui n'auroient pas dû être mis en jugement, si l'on manquoit d'indices suffisans pour faire présumer la désertion.

Pour concilier, en cette circonstance, les intérêts de l'Etat et la justice due à tous les militaires, je recommande à MM. les Généraux de brigade ou commandans d'armes, de n'autoriser l'information sur aucune plainte en désertion contre des hommes entrés dans les hôpitaux ou contre des militaires absens, sans qu'on y ait joint des indices du délit, c'est-à-dire des pièces ou déclarations formelles qui tendent à prouver la désertion. Ils parapheront ces pièces, et veilleront à ce que les jugemens par contumace ne se multiplient pas inutilement.

Persuadé que le meilleur moyen de réprimer la désertion et l'absence illégale, consiste dans la célérité de l'envoi des signalemens à la gendarmerie et à tous les agens de la force publique, je prescris à MM. les commandans du dépôt général de chaque corps, de m'adresser, aux époques fixées par les instructions antérieures à la présente, des signalemens particuliers des déserteurs et des absens, sauf à rayer ensuite ces derniers dans les délais prescrits par les réglemens, s'ils ne sont pas rentrés. Ces feuilles de signalemens individuelles, qui devront être rédigées conformément aux modèles ci-joints n°ˢ 1 et 2, remplaceront les états n°ˢ 3 et 5, dont l'envoi étoit ordonné par la circulaire du 5 janvier 1807. Les hommes qui seront rentrés après désertion, continueront de m'être signalés comme par le passé, suivant le modèle n° 4 annexé à ladite circulaire ; et ceux enfin qui rentreront après m'avoir été signalés comme absens, seront portés sur un état conforme au modèle ci-joint, n° 3.

Ces envois sont indépendans de celui des signalemens à faire à Son Excellence le premier inspecteur général de la gendarmerie impériale, et aux divers commandans de cette arme.

MM. les commandans des bataillons ou escadrons de guerre, et MM. les commandans de détachement, devant se rappeler constamment que le dépôt général de leurs corps est le centre où doivent se réunir tous les renseignemens qui constatent les mutations survenues dans toutes les portions qui en sont séparées, auront soin de transmettre, chaque mois, au commandant du dépôt général qui doit me les faire passer, les signalemens des hommes à poursuivre comme déserteurs ou à rechercher comme absens, ainsi que les jugemens qui auront été légalement rendus contre les coupables de désertion. Ils doivent sentir que c'est de leur exactitude à satisfaire à cette obligation, que dépendent l'activité des poursuites à exercer contre les déserteurs, et la cessation de celles dirigées contre ceux qui seroient rentrés sous les drapeaux.

Je vous invite, messieurs, à vous bien pénétrer des dispositions de la présente, à en assurer l'exécution, chacun en ce qui vous concerne, et à m'en accuser la réception.

(1) Régiment d   MODÈLE n° 1.

Feuille de signalement d'un déserteur.

Nom et prénoms.	SIGNALEMENT.	ÉTAT MILITAIRE.	Grade.	Dates de la désertion.	du jugement.	Prononcé du jugement.		Observations.
						par contumace.	contradictoire.	
	Fils d et d domiciliés à canton d département d né le à canton d département d taille d'un mètre millimèt. cheveux sourcils yeux front nez bouche menton visage teint (Marques particulières).	Conscrit (2) de l'an inscrit au contrôle du corps sous le n° Sur le tableau général du département sous le n° Sur la liste formée en exécution du décret du 8 fructidor an 13, sous le n°						

(1) Mettre le numéro du régiment; et si ce n'est pas un régiment, désiguer le corps : dans l'un et l'autre cas , désigner l'arme.

(2) Si le déserteur est un remplaçant, il faut indiquer les nom et prénoms du remplacé, et l'année de la conscription à laquelle appartient ce dernier; et transmettre ce signalement en double expédition, en exécution de la circulaire du 18 août 1807.

Si le déserteur est enrôlé volontaire, où s'il a été appelé au service d'une autre manière que par la conscription, il faut en faire mention.

Certifié véritable par moi commandant du dépôt.

A   le   181

(1) Régiment d   MODELE n° 2.

*Feuille de signalement d'un militaire à rechercher
pour cause d'absence.*

NOM ET PRÉNOMS.	SIGNALEMENT.	ETAT MILITAIRE.	GRADE.	DATE de l'absence.	Observations.
	Il faut remplir ces deux colonnes ainsi que le prescrit le modèle n°. 1.				Le commandant du dépôt relatera sa correspondance sur les hommes envoyés aux hôpiraux, ou indiquera les autres motifs présumés de l'absence.

(1) *Voir* la note au modèle n° 1.   *Certifié véritable par moi commandant du dépôt. A   le   181*

(2) Régiment d   MODELE n° 3.

*Etat nominatif des hommes qui, après avoir été si-
gnalés comme absens, sont rent.és pendant le
mois d·*

NUMÉRO D'ORDRE.	NOM ET PRÉNOMS.	SIGNALEMENT.	ETAT MILITAIRE.	GRADE.	DATES de la rentrée. de l'absence.	Observations.
		Il faut remplir ces deux colonnes ainsi que le prescrit le modèle n°. 1.				Indiquer ici si l'absence a été reconnue légitime, ou si l'individu a été reconnu déserteur ; dans ce dernier cas, relater la date et le prononcé du jugement contradictoire.

(2) *Voir* la note au modèle n° 1.   *Certifié véritable par moi commandant du dépôt. A   le   181*

Extrait *des minutes de la secrétairerie d'état.*

Au palais des Tuileries, le 24 janvier 1811.

NAPOLÉON, Empereur des François, Roi d'Italie, Protecteur de la Confédération du Rhin, et Médiateur de la confédération Suisse;

Nous avons décrété et décrétons ce qui suit :

Art. 1. Il sera créé trois régimens d'infanterie, savoir : deux de ligne et un d'infanterie légère, ayant la même composition et le même uniforme que le régiment de la Méditerranée, et qui, comme lui, n'auront point de compagnies de grenadiers ni de chasseurs.

2. Le premier de ces régimens, qui sera un régiment de ligne, tiendra garnison dans l'île de Walcheren, et prendra la dénomination de *Régiment de l'île de Walcheren.*

Le second, qui sera un régiment d'infanterie légère, tiendra garnison à Belle-Ile, et prendra la dénomination de *Régiment de Belle-Ile.*

Le troisième, qui sera un régiment de ligne, tiendra garnison dans les îles de Ré, d'Oleron et d'Aix, et prendra la dénomination de *Régiment de l'île de Ré.*

3. Ces trois régimens et le régiment de la Méditerranée prendront rang entre eux : le régiment de la Méditerranée sera le premier, le régiment de l'île de Walcheren sera le second, le régiment de Belle-Ile sera le troisième, et le régiment de l'île de Ré sera le quatrième.

4. Notre ministre de la guerre présentera à notre nomination le colonel, le major, le quartier-maître et les adjudans-majors de chaque régiment, ainsi que les officiers qui doivent composer le premier bataillon.

Lorsque le premier bataillon aura plus de six cents hommes, on procédera à la formation du second bataillon, et notre ministre de la guerre nous soumettra la nomination des officiers de ce second bataillon, et ainsi de suite jusqu'au cinquième.

5. Les caporaux et sergens seront tirés, soit des fusiliers et tirailleurs de notre garde, soit des régimens les plus voisins qui seront désignés.

6. Les conscrits réfractaires des départemens des 16ᵉ, 17ᵉ, 24ᵉ, 25ᵉ, 26ᵉ, 31ᵉ, 32ᵉ et 15ᵉ divisions militaires, serviront à former le régiment de l'île de Walcheren.

Ceux appartenant aux pays situés sur la rive droite de l'Escaut, seront conduits à Lillo, où ils s'embarqueront pour l'île de Walcheren.

Ceux de la rive gauche s'embarqueront à Breskens.

7. Les conscrits réfractaires des 13ᵉ, 14ᵉ, 1ʳᵉ, 2ᵉ, 3ᵉ, 4ᵉ, 5ᵉ, 18ᵉ et 22ᵉ divisions militaires, seront destinés à former le régiment de Belle-Ile : ils seront dirigés sur Port-Louis, où ils s'embarqueront pour passer à Belle-Ile.

8. Les conscrits réfractaires des 11ᵉ, 12ᵉ, 19ᵉ, 20ᵉ et 21ᵉ divisions militaires, et ceux de la 23ᵉ division militaire, serviront à former le régiment de l'île de Ré; ils seront dirigés sur le dépôt de Saint-Martin-de-Ré (1).

9. Les conscrits réfractaires des 6ᵉ, 7ᵉ, 8ᵉ, 9ᵉ, 10ᵉ, 27ᵉ, 28ᵉ, 29 et 30ᵉ divisions militaires, recruteront le régiment de la Méditerranée.

Ceux des 6ᵉ, 7ᵉ, 8ᵉ, 9ᵉ et 10ᵉ divisions, seront dirigés sur le fort Lamalgue, où ils s'embarqueront pour la Corse (1).

---

(1) Sa Majesté, par un ordre du 12 mars 1811, a affecté les 19ᵉ et 21ᵉ divisions au recrutement des régimens de la Méditerranée. Les hommes de ces divisions seront envoyés au fort Lamalgue, à Toulon.

Ceux des 27e et 28e divisions militaires seront dirigés sur Gênes.

Ceux de la 29e division sur Livourne, et ceux de la 30e division sur Civita-Vecchia.

10. Notre ministre de la guerre pourra réserver, dans chaque département, suivant les circonstances et les localités, un certain nombre de conscrits réfractaires qu'il désignera pour être incorporés dans la ligne ; mais cette faveur ne s'appliquera absolument qu'aux conscrits non condamnés, qui se seroient présentés volontairement pour rejoindre.

11. Les déserteurs arrêtés continueront à être conduits aux dépôts, pour y être jugés contradictoirement.

12. Au moyen des présentes dispositions, les dépôts de conscrits réfractaires établis à Cherbourg et Blaye seront supprimés.

13. Nos ministres de la guerre, de l'administration de la guerre et du trésor public, sont chargés de l'exécution du présent décret.

Signé NAPOLÉON.

Par l'Empereur : *le ministre-secrétaire d'état,*

Signé H. B. DUC DE BASSANO.

FIN.

De l'Imprimerie de DEMONVILLE, rue Christine.

TABLE

DES MATIERES.

FIN DE LA TABLE.